Kevin Lais

AF141967

Anforderungen an das
Change Management für New Work

Den Wandel zur neuen Arbeitswelt
erfolgreich gestalten

Bibliografische Information der Deutschen Nationalbibliothek:

Die Deutsche Nationalbibliothek verzeichnet diese Publikation in der Deutschen Natio-nalbibliografie; detaillierte bibliografische Daten sind im Internet über http://dnb.d-nb.de abrufbar.

Impressum:

Copyright © Studylab 2021

Ein Imprint der GRIN Publishing GmbH, München

Druck und Bindung: Books on Demand GmbH, Norderstedt, Germany

Coverbild: GRIN Publishing GmbH | Freepik.com | Flaticon.com | ei8htz

Danksagung

„Wenn der Wind der Veränderung weht, bauen die einen Mauern und
die anderen Windmühlen"

–chinesisches Sprichwort

Ich bedanke mich vielmals bei meinen Weggefährten und Professoren, welche mich
lehrten den Wandel stets optimistisch zu empfangen, mich vom Wind der Veränderung nicht einschüchtern zu lassen, sondern ihn stets zu nutzen und ihn in Energie
umzuwandeln. Ich bedanke mich bei der gesamten Hochschule Harz, allen Professoren, meinen werten Freunden sowie den zahlreichen anderen inspirierenden
Wegüberschneidungen, welche mir die Fähigkeit an die Hand gaben, diese genannte Naturgewalt zu managen und mich so zum Windmühlenarchitekten ausbil-
deten. Besonderer Dank geht an meine Betreuer, welche mir bei jeder Frage dieser
Arbeit zur Seite standen und darüber hinaus stets den Moment nutzten, ihr um-
fangreiches Wissen mit mir zu teilen oder mich mit Zitaten zu belehren. So möchte
ich mit einem Zitat meinerseits abschließen und gleichsam in die Arbeit überleiten:

„Veränderung macht Angst, doch Verbesserung macht Spaß."

– Kevin Lais

Inhaltsverzeichnis

Abkürzungsverzeichnis

bzw	beziehungsweise
BASWA	BASWA acoustic AG
CYP	Challenge Your Potential
et al	et alii (Lateinisch für „und andere")
IBM	International Business Machines Corporation
KCC	Kapsch CarrierCom AG
NGE	Next Generation Enterprise

Abbildungsverzeichnis

Tabellenverzeichnis

1 Einleitung

Es beginnt ein neues Jahr, ein neues Jahrzehnt und damit einhergehend neue Herausforderungen. Neu wird in dieser Arbeit großgeschrieben, denn neu ist auch die Sicht auf das Leben und Arbeiten. So ziehen momentane gesellschaftliche Veränderungen auch Veränderungen in unserer Lebens- und Arbeitsweise nach sich. Es entsteht eine neue Gesellschaft mit neuen Forderungen, unterstützt von einer neuen Technologie und getrieben von neuen Wünschen an das Leben. Die Sicht auf die Arbeit verändert sich und Menschen fordern von ihren Tätigkeiten zunehmend Selbstverwirklichung, Sinnhaftigkeit und Selbstbestimmung.[1] Ebenso ermöglicht die Technologie neue, flexible und mobile Arbeitsformen, wie das Home-Office. Diese neuen Möglichkeiten und Wertevorstellungen schufen den Begriff „New Work". Unter dem Sammelbegriff „New Work" werden verschiedenste Arbeitsformen, Organisationskonzepte und Idealvorstellungen zusammengefasst. Dieses Leitbild von der neuen Welt des Arbeitens verbreitet sich aktuell genauso schnell, wie das um sich greifende Corona-Virus. Beides fordert die Unternehmen heraus umzudenken und fördert neue Organisationsstrukturen, welche flexibel, resilient und agil sind. Deshalb werden Organisationen, welche diese Attribute aufweisen als große Gewinner aus der Corona-Krise hervortreten. Schon 2017 bewerteten 68,9 Prozent der befragten Führungskräfte sowie 51,1 Prozent der Mitarbeiter die New Work Debatte als ein „absolut wichtiges" Thema.[2] Nach diesen lehrreichen Umständen und der besinnenden Quarantänezeit kann damit gerechnet werden, dass diese Einschätzung wohl noch bedeutsamer ausfällt und Unternehmen sich stärker hin zu New Work transformieren wollen. So wird die Frage zunehmend lauten, wie ein New Work Veränderungsprojekt erfolgreich durchgeführt werden kann, welche Aspekte im Unternehmen sich dafür verändern müssen und welche neuen Anforderungen das Change Management erfüllen muss.

1.1 Zielsetzung und Forschungsfragen

Ziel dieser Arbeit ist es zu ermitteln, wie ein Unternehmen erfolgreich einen Veränderungsprozess hin zu New Work gestalten kann und welche konkreten Aspekte dafür verändert werden müssen. Es soll analysiert werden, ob bei einem Veränderungsprozess zu New Work besondere Anforderungen an das Change Management gelten und falls ja, welche Besonderheiten dies sind.

---

[1]   Vgl. (Hackl, Wagner, Attmer, & Baumann, 2017) S.38.
[2]   Vgl. (Hackl, Wagner, Attmer, & Baumann, 2017) S.70.

Zusammenfassend soll die Arbeit die Veränderungsgegenstände und die Veränderungsweise für ein erfolgreiches Veränderungsprojekt von New Work erschließen.

Dementsprechend lauten die Forschungsfragen dieser Arbeit:

1. Welche Veränderungsgegenstände sollen vom Change Management angegangen werden, um New Work im Unternehmen zu etablieren?
2. Durch welche Veränderungsweise wird Change Management für New Work erfolgreich gestaltet?
3. Welche besonderen Anforderungen gelten im Change Management für New Work?

1.2 Aufbau und Methodik

Gegliedert ist diese Arbeit in drei Abschnitte. Der erste Abschnitt bildet die Grundlage der Arbeit. Hier wird der Begriff New Work definiert und durch die gesellschaftlichen Veränderungen beschrieben. Dadurch wird der Ursprung des Wandels sowie dessen Herausforderungen an die Unternehmen deutlich. Diese Herausforderungen werden aufgegriffen, um die neuen Anforderungen der Unternehmen sowie die Ziele von New Work aufzuzeigen. Im zweiten Abschnitt werden die Veränderungsgegenstände definiert, welche im Unternehmen bei einem Wandel hin zu New Work verändert werden sollten, um die Ziele und das Leitbild von New Work zu etablieren. Anschließend wird im dritten Abschnitt erläutert, wie die genannten Veränderungsgegenstände erfolgreich umgesetzt werden können. Dafür wird nach einer geeigneten Veränderungsweise für eine New Work Umsetzung gesucht. Es werden praxisbewährte Change Management Ablaufmodelle mit den Vorgehensweisen in erfolgreichen New Work Veränderungsprozessen aus der Praxis verglichen. Daraus sollen besondere Anforderungen an das Change Management für New Work abgeleitet werden.

Um der Beantwortung der Forschungsfragen gerecht zu werden, wird die Arbeit abgerundet mit der Auswertung von Experteninterviews. Die Informationen der Experten wurden mit Hilfe eines halbstrukturierten, leitfadengestützten Interviews erhoben. Das halbstrukturierte Leitfadeninterview wurde als qualitative Erhebungsmethode gewählt, um unerwartete Informationen aufzufangen, flexibel im Interview auf den Befragten[3] und seinen Kenntnisstand reagieren zu können und

---

[3] Auf eine getrennte Bezeichnung weiblicher und männlicher Substantive wird für eine verbesserte Lesbarkeit verzichtet. Begriffe wie „Befragte" oder „Experten" beziehen immer männlich und weibliche Personen mit ein.

dennoch eine Struktur zu wahren, die sich auf die Forschungsfragen stützt. Die Interviews wurden wörtlich, jedoch nicht lautsprachlich, transkribiert. Anschließend wurden die Interviews nach den Regeln der qualitativen Inhaltsanalyse nach Mayring bearbeitet. Dafür wurde ein deduktiver Kodierleitfaden entworfen (siehe Anhang 8). Der Kodierleitfaden samt den Kategorien wurde angelehnt an den Interviewleitfaden erstellt. Der Interviewleitfaden basiert auf dem theoretischen Teil der Arbeit und ist eng verknüpft mit den vorangestellten Forschungsfragen. Das deduktive Kategoriensystem wurde ergänzt durch ein induktives Vorgehen. Hierbei wurden bei zwei Kategorien die Codes aus dem Material abgeleitet, um genannte unerwartete Informationen mit aufnehmen zu können. Ansonsten wurden die deduktiven Kategorien und Codes an das Material herangeführt. Abgeschlossen wird die Arbeit mit einer Schlussfolgerung der Inhalte und der Darstellung der Ergebnisse.

2 Begriffserklärung von New Work

Eine einheitliche Definition für den Begriff „New Work" existiert nach jetzigem For-schungsstand nicht.[4] Gleichzeitig stellt New Work einen Sammelbegriff dar, mit dem verschiedene, meist alternative Arbeitsmodelle und –formen umschrieben werden.[5] Der Begriff geht zurück auf den Sozialphilosophen Frithjof Bergmann, welcher sich Mitte der 1970er-Jahre intensiv mit der Beziehung zwischen Mensch und Arbeit beschäftigte. Er entwickelte das Konzept der neuen Arbeit, welches ein alternatives Modell im kapitalistischen Wirtschaftssystem darstellen sollte.[6] Berg-mann beobachtete die damalige Arbeit als Krankheit, verursacht durch die Abwe-senheit von Passion im eigenen Dasein und das Fehlen der Sinnhaftigkeit in der eigenen Tätigkeit und fasste beides zusammen als „Armut der Begierde".[7] Diese Be-obachtung polarisierte Bergmann in seiner Idealform der neuen Arbeit. New Work soll dem Menschen ermöglichen sich selbst zu verwirklichen und darüber hinaus Werte, wie Freiheit und Selbstbestimmung, zu finden.[8] Der New Work Ansatz wurde von Bergmann als ein Versuch kreiert, Menschen auf kompetente und em-pathische Weise in dem zu unterstützen, „(…) was sie wirklich, wirklich tun möch-ten"[9] und sie in ihrem Dasein zu bestärken.[10]

Neben der ursprünglichen Bedeutung als gedankliches Konzept von Bergmann ist New Work gleichzeitig eine Bewegung, die daraus entstand und bis heute fortdau-ert sowie ein gebräuchliches Synonym, das heute den tiefgreifenden Wandel der Arbeitswelt und dessen Folgen beschreibt.[11] Das Zielbild der New Work Bewegung umreißt eine humane Zukunft der Arbeitswelt, in der die Individualität des Men-schen berücksichtigt wird, indem er individuell sinnvolle Aufgaben und Entschei-dungsfreiheit erhält. Darüber hinaus soll der Mensch als soziales und emotionales Wesen anerkannt und durch eine ermöglichte Sinnstiftung und Potenzialentfaltung intrinsisch motiviert werden.[12] Folglich soll die neue Form der Arbeit dem

---

[4] Vgl. (Hackl, Wagner, Attmer, & Baumann, 2017) S.1.
[5] Vgl. (Lutze, Schaller, & Wüthrich, 2019) S.356.
[6] Vgl. (Hackl, Wagner, Attmer, & Baumann, 2017) S.3.
[7] Vgl. (Vollmer, 2019).
[8] Vgl. (Lutze, Schaller, & Wüthrich, 2019) S.356.
[9] Siehe (Bergmann, 2004) S.20.
[10] Vgl. (Schnell & Schnell, 2019) S.8.
[11] Vgl. (Hackl, Wagner, Attmer, & Baumann, 2017) S.45.
[12] Vgl. (Lutze, Schaller, & Wüthrich, 2019) S.358.

Individuum Selbstverwirklichung ermöglichen, Sicherheit geben, Sinn stiften und für Sozialität sorgen.[13]

Eine mehrdimensionale Definition von New Work nach Hackl et al. lautet: „„New Work" oder die „Neue Welt des Arbeitens" ist Denkansatz und Bewegung zugleich. Ursache sind tiefgreifende Veränderungsprozesse auf gesellschaftlicher und auf Unternehmensebene und damit verbundene neue Anforderungen an Manager, Führungskräfte und Mitarbeiter. Ziel ist ein Wandel des Verständnisses und der Ausgestaltung von Arbeit in der Praxis."[14]

---

[13]   Vgl. (Hackl, Wagner, Attmer, & Baumann, 2017) S.38.
[14]   Siehe (Hackl, Wagner, Attmer, & Baumann, 2017) S.44.

3 Gesellschaftliche Veränderungen und Treiber von New Work

Auf der gesellschaftlichen Ebene lassen sich vier große Veränderungsprozesse beobachten, welche unter anderem als Treiber der neuen Arbeitswelt wirken und neue Herausforderungen an die Unternehmensebene stellen: Der demographische Wandel, die Globalisierung, die Digitalisierung und der Wertewandel unserer Kultur.[15]

Der demografische Wandel wird gekennzeichnet durch eine Alterung der Gesellschaft und den Rückgang der Erwerbsbevölkerung. Einen Rückgang des Erwerbspersonenpotenzials, von 44,7 Mio. im Jahr 2010 auf rund 41 Mio. im Jahr 2025 und 32,4 Mio. im Jahr 2050, zeigen auch die Berechnungen des Institutes für Arbeitsmarkt- und Berufsforschung.[16] Gleichzeitig bewirkt jedoch die Digitalisierung eine gesteigerte Nachfrage auf dem Arbeitsmarkt nach qualifizierten Arbeitskräften, welche den zunehmend komplexen Anforderungen der Zukunft gewachsen sind.[17] So wird das benötigte Arbeitsvolumen von Personen mit höherem Bildungsabschluss von 11 Mrd. Stunden im Jahr 2010 auf rund 13 Mrd. Stunden im Jahr 2030 zunehmen.[18] Gerade hochqualifizierte Arbeitskräfte werden in der wachsenden Dienstleistungsgesellschaft mehr und mehr zur Mangelware und einer hart umkämpften Ressource.[19] Das erlaubt vielen Erwerbstätigen, insbesondere den gut ausgebildeten von ihnen, sich zunehmend ihren Arbeitsplatz nach individuellen Kriterien auszusuchen.[20] Die dadurch entstehende Herausforderung für Unternehmen ist der Fachkräftemangel und der daraus entstehende „War for Talents"[21].[22]

Der Trend der Globalisierung beschreibt eine zunehmende Verflechtung von wirtschaftlichen, politischen und kulturellen Zusammenhängen.[23] Mit dem Anstieg der internationalen Konkurrenz geht auch die Steigerung des Innovationsdrucks einher. Gleichzeitig nimmt die Volatilität, also die Unbeständigkeit oder Flüchtigkeit, von Produkten und Dienstleistungen zu. Gekennzeichnet ist diese Entwicklung durch kürzere Produktlebenszyklen und schnellere Innovationszyklen. Zum

---

[15] Vgl. (Bundesministerium für Arbeit und Soziales, 2017) S.18.

[16] Vgl. (Spath, Bauer, & Ganz, 2013) S.5.

[17] Vgl. (Hackl, Wagner, Attmer, & Baumann, 2017) S.19.

[18] Vgl. (Spath, Bauer, & Ganz, 2013) S. 5-6.

[19] Vgl. (Hackl, Wagner, Attmer, & Baumann, 2017) S.13.

[20] Vgl. (Spath, Bauer, & Ganz, 2013) S.6.

[21] Beschreibt den Kampf der Unternehmen um qualifizierte Arbeitnehmer.

[22] Vgl. (Hackl, Wagner, Attmer, & Baumann, 2017) S.13.

[23] Vgl. (Hackl, Wagner, Attmer, & Baumann, 2017) S.15.

Wettbewerbsfaktor wird, Unsicherheiten und Instabilitäten und damit letztendlich eine neue Dimension der Komplexität zu steuern.[24] Um den steigenden Innovationsdruck sowie die gestiegene Komplexität bewältigen zu können, wird Agilität zur Notwendigkeit.[25]

Durch die Globalisierung steigen die Möglichkeiten der Beschäftigung, die sich den Arbeitnehmern am Arbeitsmarkt bieten. Andererseits nehmen die Anforderungen von Seiten der Unternehmen an seine Mitarbeiter zu. Zusätzlich fordert die Volatilität zunehmend Flexibilität, Veränderungsbereitschaft und Veränderungsfähigkeit.[26] Mit dieser gestiegenen Mobilität wächst gleichzeitig die Gefahr, dass hochqualifizierte Mitarbeiter das Unternehmen verlassen, wenn die Rahmenbedingungen ihnen nicht mehr zusagen.[27] Aufgrund dessen wird die Arbeitgeberattraktivität, auch im Zuge des Fachkräftemangels, für Unternehmen immer notwendiger.[28]

Ein weiterer bedeutsamer Treiber der neuen Arbeitswelt ist die Digitalisierung. Damit ist der Rückgang analoger Datenverarbeitung zugunsten einer Zunahme virtueller Informationssammlung und –verarbeitung gemeint. Routinearbeiten werden im Zuge der Digitalisierung durch digitale Lösungen ersetzt. Gleichzeitig steigt die Nachfrage an qualifiziertes Arbeiten mit komplexen Anforderungen.[29] Durch technologische Innovationen entstehen neue Formen der Interaktion für die Menschen untereinander, als auch mit Maschinen und Systemen.[30] Folglich wird die Arbeit unabhängiger von festen Arbeitsorten, Arbeitszeiten und Arbeitsaufgaben.[31] Dementsprechend verändert die Digitalisierung Arbeitsformen und Arbeitsverhältnisse und führt zu einer gestiegenen Flexibilisierung und Dezentralisierung von Arbeit. Deutlich wird dabei, dass die neue Welt der Arbeit zunehmend Abstand vom Normalarbeitsverhältnis nimmt.[32]

Der letzte wesentliche Trend und Treiber der neuen Arbeit stellt der Wertewandel dar. Der Wertewandel bezüglich der Art und Weise, wie wir arbeiten und leben

---

[24] Vgl. (Rump & Eilers, 2017) S.15.
[25] Vgl. (Hackl, Wagner, Attmer, & Baumann, 2017) S.76.
[26] Vgl. (Spath, Bauer, & Ganz, 2013) S.5.
[27] Vgl. (Hackl, Wagner, Attmer, & Baumann, 2017) S.15.
[28] Vgl. (Hackl, Wagner, Attmer, & Baumann, 2017) S.36.
[29] Vgl. (Hackl, Wagner, Attmer, & Baumann, 2017) S.17 u. 19.
[30] Vgl. (Werther & Bruckner, 2019) S.5.
[31] Vgl. (Spath, Bauer, & Ganz, 2013) S.6-7.
[32] Vgl. (Hackl, Wagner, Attmer, & Baumann, 2017) S.30.

möchten, wird angetrieben von der Generation Y und Z.[33] In den 1980er und 1990er Jahren geboren, wuchsen sie in einer multimedialen Welt auf und tragen heute ganz neue Erwartungen und Werte an die Arbeitswelt heran. Genauso die folgende Generation Z. Ihre Vertreter sind nach 1995 geboren und starten gerade in das Berufsleben. Arbeit wird von ihnen immer mehr mit Sinnhaftigkeit und dem Bedürfnis nach Selbstverwirklichung verknüpft. Für die junge Generation der Arbeitnehmer sind Unabhängigkeit und Selbstbestimmung von hoher Bedeutung. Durch den Fachkräftemangel im demografischen Wandel verschieben sich die Machtverhältnisse auf dem Arbeitsmarkt zu Gunsten der jungen Generationen. Sie können sich heute schon oft aussuchen, wo sie arbeiten möchten und treten dementsprechend selbstbewusst auf.[34] Zusätzlich sind sie nicht bereit, Kompromisse bezüglich ihrer Vorstellungen zu machen, sodass Unternehmen kaum eine andere Wahl haben, als ihren Forderungen nachzukommen.[35]

---

[33] Vgl. (Hackl, Wagner, Attmer, & Baumann, 2017) S.11.
[34] Vgl. (Lutze, Schaller, & Wüthrich, 2019) S.357.
[35] Vgl. (Hackl, Wagner, Attmer, & Baumann, 2017) S.107

4 Ziele von New Work Veränderungsprojekten

Ausgehend von den in Kapitel 3 angesprochenen Veränderungen in der Gesell-schaft und den daraus resultierenden Herausforderungen für die Unternehmen, entstehen neue Anforderungen an die Unternehmensorganisation. Eine Umset-zung von New Work soll diesen Herausforderungen wirksam begegnen und den Forderungen der neuen Arbeitswelt nachkommen. Demnach können aus den neuen Anforderungen an die Unternehmen die Ziele von New Work Veränderungs-prozessen abgeleitet werden.

Ein wesentliches Ziel von New Work Veränderungsprozessen ist die Erhöhung der Arbeitgeberattraktivität. Wie bereits erwähnt, sind dafür vor allem die Wünsche und Bedürfnisse der Generation Y verantwortlich. Die Gründe sich für einen Ar-beitgeber zu entscheiden, konzentrieren sich zunehmend auf die Art und Weise der Arbeitsgestaltung und den persönlichen Gestaltungsspielraum. In diesem Kontext kann New Work die Arbeitgeberattraktivität steigern und gleichzeitig die Fluktua-tion senken. New Work Instrumente, wie mobiles Arbeiten oder Desk Sharing, bie-ten den Mitarbeitern ein großes Maß an Freiheit und Selbstbestimmung und stei-gern so die Mitarbeiterzufriedenheit.[36] Dies wurde auch von der „U.S. Workplace Survey 2019" belegt. Die Studie kam zu dem Ergebnis, dass ein frei wählbarer Ar-beitsplatz die Mitarbeiterzufriedenheit um 15 Prozent steigern kann.[37] Ebenso zeigt die Studie „Arbeitsplatz der Zukunft 2018", dass den Unternehmen bewusst ist, wie wichtig New Work in diesem Kontext ist. So waren 89 Prozent der befragten Unternehmen der Meinung, nur mit Arbeitsbedingungen im Sinne von New Work eine Chance im „War for Talents" zu haben.[38]

Ein weiteres Ziel ist die Digitalisierung der Arbeitsgestaltung und –prozesse. Hier-bei geht es unteranderem darum, analoge Informationen zu digitalisieren. Dadurch können die Informationen von allen Mitarbeitern mobil und flexibel abgerufen werden.[39]

Wie bereits erwähnt, steigt die Anforderung an die Innovationsfähigkeit der Unter-nehmen immens an. Abgeleitet davon ist es ein weiteres Ziel von New Work Verän-derungen, die Innovationskultur zu stärken. Dabei wird vom Change Management abverlangt, die Unternehmenskultur zu verändern. Denn Innovation beginnt nur

---

[36] Vgl. (Hackl, Wagner, Attmer, & Baumann, 2017) S.111-112.
[37] Vgl. (Gensler Research Institute, 2019) S.9.
[38] Vgl. (IDG Research Services, 2018) S.4.
[39] Vgl. (Hackl, Wagner, Attmer, & Baumann, 2017) S.113.

bei einer Kultur, die Vertrauen schenkt, den Mut hat neue Wege zu gehen und dabei Fehler akzeptiert.[40]

Die Steigerung der Agilität ist eine weitere erfolgskritische Anforderung an die Unternehmensorganisation und Ziel von New Work Veränderungsprozessen. Märkte verändern sich immer schneller und Produktlebenszyklen werden kürzer. Dementsprechend müssen Entscheidungsprozesse minimiert und Produkte schneller zur Marktreife gebracht werden. Ideen, die durch mehrere Instanzen gehen müssen, bevor sie überhaupt erst zur Marktreife gebracht werden können, haben geringere Erfolgschancen. Agile Organisationen haben sich dann meist schon, den Vorteil des frühen Markteintritts gesichert.[41] Besonders bei großen Unternehmen mit zahlreichen Hierarchieebenen ist das dominierende Ziel, ihre Flexibilität und Agilität zu erhöhen. [42] New Work kann durch eine gestiegene Selbstbestimmung und Eigenverantwortung der Mitarbeiter diese Zielrealisierung unterstützen.

Genauso stellt die Steigerung der Arbeitsproduktivität ein bedeutsames Ziel dar. In der Studie „Arbeitsplatz der Zukunft 2018" ergab die Frage nach den Zielen der Unternehmen bei neuen Arbeitsplatzkonzepten, dass die Steigerung der Produktivität den höchsten Stellenwert einnahm.[43] Das New Work Leitbild kann die Arbeitsproduktivität steigern, durch die Etablierung von Sinnhaftigkeit, Selbstbestimmung und Sozialität am Arbeitsplatz. Bei Erfüllung dieser Rahmenbedingungen sind Mitarbeiter bereit ihr volles Potenzial einzubringen und sich für die Organisation zu engagieren. Oft erleben sie dann ihr Engagement als zutiefst befriedigend und erfüllen oder überfüllen sogar ihre Arbeit.[44]

Das sechste wesentliche Ziel von New Work Veränderungsprojekten stellt die Steigerung der Flächeneffizienz dar. Neue Bürokonzepte sollen die Mitarbeiter in ihrer Arbeitsweise unterstützen und an ihre Bedürfnisse angepasst sein. [45] Damit kann neben den Kostensenkungen für die Infrastruktur vor allem eine Steigerung der Produktivität, der Innovation, und der Mitarbeiterzufriedenheit erreicht werden.[46]

---

[40] Vgl. (Hackl, Wagner, Attmer, & Baumann, 2017) S.115.
[41] Vgl. (Hackl, Wagner, Attmer, & Baumann, 2017) S.116.
[42] Vgl. (IDG Research Services, 2018) S.30.
[43] Vgl. (IDG Research Services, 2018) S.30.
[44] Vgl. (Lutze, Schaller, & Wüthrich, 2019) S.358.
[45] Vgl. (Hackl, Wagner, Attmer, & Baumann, 2017) S.117.
[46] Vgl. (Klaffke, 2016) S.3-4.

5 Ein Veränderungskonzept für New Work

Im vorherigen Kapitel wurde aufgezeigt, welche Ziele New Work Veränderungspro-jekte verfolgen. Darauf aufbauend wird erläutert, welche konkreten Aspekte in den Organisationen verändert werden sollen, um diese Ziele zu realisieren und New Work im Unternehmen zu verankern. Zunächst wird der Begriff „Change Manage-ment" in Hinblick auf New Work definiert und mit den in der Literatur beschriebe-nen Besonderheiten von New Work Veränderungsprojekten verknüpft. Damit soll ein erster Rahmen entstehen, was Change Management für New Work bedeutet und welche besonderen Anforderungen dafür gelten. Im Anschluss wird ein Verän-derungskonzept für das Change Management für New Work vorgestellt. Darunter werden die wichtigsten Veränderungsgegenstände kategorisch beschrieben.

5.1 Definition von Change Management für New Work

Um zu verstehen, worum es sich bei Change Management für New Work handelt, ist zunächst eine Definition von Change Management notwendig. Kreutzer erklärt den Begriff wie folgt: „Mit dem Begriff Change-Management wird die zielorien-tierte, umfassende, häufig bereichsübergreifende Umgestaltung von Strukturen, Prozessen, Geschäftsfeldern und ganzen Unternehmen bezeichnet. Change Ma-nagement verfolgt das Ziel, die entsprechenden Bereiche auf neue Anforderungen der externen Umwelt auszurichten bzw. bei der Umsetzung einer veränderten stra-tegischen Ausrichtung zu unterstützen."[47]

Dabei trifft das Change Management bei New Work auf Besonderheiten. Denn New Work ist eine ganzheitliche Betrachtungsweise und weder eine Strategie noch eine losgelöste Maßnahme, wie der stereotype Kickertisch im Start-Up Büro. Solche ein-zelnen, losgelösten Maßnahmen haben keinerlei Einfluss auf die Unternehmens-kultur im Sinne von New Work. Frithjof Bergmann beschreibt sie als „New Work im Minirock". Damit meint er, dass Unternehmen die Arbeit auf diese Weise versuchen etwas „aufzuhübschen", um sie reizvoller zu machen. Doch ein Kickertisch alleine bedeutet noch nicht New Work. Zuerst braucht es eine Kultur des Miteinanders, in welcher der Kickertisch dann zur Ausgangslage von Teambuilding, produktivitäts-fördernder Kommunikation sowie innovationsfördernden Impulsen werden

---

[47] Siehe (Kreutzer, 2018) S.66.

kann.[48] Das bedeutet, New Work ist eine Lebensphilosophie, welche die Arbeitswelt miteinschließt.

Bei der Umsetzung von New Work geht es darum, eine grundsätzlich veränderte Denkweise anzuregen.[49] New Work ist kein installierbares System oder ein einführbares Konzept, es geht vielmehr darum eine umgewandelte Denk- und Sichtweise im Unternehmen zu verankern. Daher spielt die Unternehmenskultur die wichtigste Rolle. Denn letztendlich kann New Work nur funktionieren, wenn eine auf Vertrauen basierende Arbeitskultur vorliegt und von den Mitarbeitern gelebt wird.[50] Schnell bringt es treffend auf den Punkt: „Erst das ganzheitliche Angehen einer Veränderung, die auf kultureller Ebene im Unternehmen stattfindet und mit unterschiedlichen und für das Unternehmen passenden Maßnahmen unterstützt wird, lässt New Work als eine Bewegung im Unternehmen lebendig werden (...)."[51]

Benötigt werden demnach eine Unternehmenskultur, Führungskräfte und Mitarbeiter (People), welche New Work leben sowie Bürokonzepte (Places) und weitere Hilfsmittel sowie Technologien (Tools), welche das Ausleben von New Work unterstützen. Beim Change Management für New Work ist deshalb erfolgsentscheidend, ein ganzheitliches Vorgehen zu wählen, welches die Dimensionen „People", „Places" und „Tools" berücksichtigt.[52]

5.2 Veränderungsgegenstände für New Work

Das Veränderungskonzept People, Places, Tools beschreibt drei Veränderungsdimensionen, welchen diverse Veränderungsgegenstände untergeordnet werden. Bei einer Umfrage von 31 Unternehmen, welche ein New Work Veränderungsprojekt erfolgreich gestalteten, wurde die Dimension People für den Erfolg des Veränderungsprojektes am bedeutsamsten bewertet. Neben der Aussage ist essenziell, dass fast immer allen drei Veränderungsdimensionen eine wesentliche Bedeutung zukommt.

---

[48]   Vgl. (Schnell & Schnell, 2019) S.14-15.
[49]   Vgl. (Schnell & Schnell, 2019) S.14.
[50]   Vgl. (Hackl, Wagner, Attmer, & Baumann, 2017) S.122-123.
[51]   Siehe (Schnell & Schnell, 2019) S.16.
[52]   Vgl. (Hackl, Wagner, Attmer, & Baumann, 2017) S.122.

Die Dimensionen sind miteinander verbunden und zeigen starke Abhängigkeiten auf.[53] Abbildung 1 veranschaulicht die Beziehung zwischen den drei Veränderungsdimensionen und ordnet gleichzeitig die Veränderungsgegenstände den Dimensionen zu.

Abbildung 1: Veränderungsdimensionen und –gegenstände für New Work

Quelle: Eigene Darstellung in Anlehnung an Bartz, Gnesda, & Schmutzer, 2017, S.429.

---

[53] Vgl. (Bartz, Gnesda, & Schmutzer, 2017) S.429.

5.2.1 People

Um eine Unternehmenskultur zu schaffen, welche die Ziele von New Work realisieren kann, müssen Unternehmen sich bezüglich der Dimension People, von starren Strukturen und Kontrolle hin zu liquiden Netzwerke mit einer Vertrauenskultur entwickeln.[54] Dafür ist eine Veränderung der Führungsrolle, der Arbeitsweise sowie eine Anpassung der strukturellen Merkmalen unabdingbar.[55]

5.2.1.1 Unternehmenskultur

Ein wesentlicher Baustein einer New Work Veränderung ist eine zum Leitbild passende Unternehmenskultur aufzubauen. Die Unternehmenskultur besteht aus den in einer Organisation vorherrschenden Wertevorstellungen und informellen Regeln. Ein Wandel ohne Einbeziehung der Unternehmenskultur ist mit großen Problemen behaftet und führt oftmals zum Misserfolg.[56] Gleichsam ist die Veränderung der Unternehmenskultur eine große Herausforderung im Change Management. Denn Werte können nicht einfach wie andere funktionale Regeln ausgetauscht werden, da sie viel fundamentaler sind. Dennoch kann eine wirksame Organisationskultur gefordert und gefördert werden.[57] Eine Veränderung der Unternehmenskultur kann gelingen, wenn zum Beispiel die gewünschten Werte von den Führungskräften vorgelebt werden, die Führungsrolle verändert wird und veränderte Rahmenbedingungen wiederum neue Verhaltensweisen der Mitarbeiter auslösen.[58]

Für ein Unternehmen, welches New Work anstrebt, ist es notwendig Werte wie Freiheit, Selbstbestimmung und Sinnstiftung in seiner Unternehmenskultur zu verankern. Allen voran steht Vertrauen als Basis für das Leitbild von New Work. Erst eine im Unternehmen gelebte Vertrauenskultur ermöglicht ein Empowerment[59] der Mitarbeiter, flexibles und mobiles Arbeiten, Innovation und Agilität. Werte wie Autorität, Kontrolle und Macht müssen weichen. Denn für New Work braucht es einen Wandel von Kontroll- und Zielorientierung hin zu einer ergebnisorientierten Vertrauenskultur.[60]

---

[54] Vgl. (Hackl, Wagner, Attmer, & Baumann, 2017) S.31.
[55] Vgl. (Hackl, Wagner, Attmer, & Baumann, 2017) S.123.
[56] Vgl. (Lauer, 2019) S.8.
[57] Vgl. (Creusen & Gall, 2017) S.112-113.
[58] Vgl. (Grolman, kein Datum).
[59] Zu Deutsch: Ermächtigung, Bevollmächtigung. Meint die Übertragung von Verantwortung von den Führungskräften an die Mitarbeiter.
[60] Vgl. (Hackl, Wagner, Attmer, & Baumann, 2017) S.124 und (Werther & Bruckner, 2019) S.48.

Der Mensch soll im Unternehmen als emotionales und soziales Wesen gesehen werden, welches gerne und selbständig arbeitet sowie nach Herausforderungen sucht und Verantwortung übernehmen will.[61]

5.2.1.2 Neue Rolle der Führungskraft

Vor dem Umbruch zur neuen Arbeitswelt bestand die Aufgabe der Führungskraft darin, die Mitarbeiter zu kontrollieren und zu organisieren.[62] Die Führung folgte überwiegend dem transaktionalen Ansatz, welcher einem Handel zwischen Führungskraft und Mitarbeiter gleichkommt. Dabei definiert die Führungskraft die Erwartungen und Ziele, während der Mitarbeiter bei Zielerreichung eine Belohnung erhält.[63] Doch durch die Komplexitätszunahme am Markt, die globale Verteilung der Arbeit und das Verschwinden von Präsenzteams ist eine gezielte Kontrolle von Mitarbeitern nicht mehr möglich.[64]

Für New Work benötigt es demnach einen Wandel vom transaktionalen Führungsstil hin zum transformationalen Führungsstil. Dieser konzentriert sich stärker auf die Selbstverwirklichung der Mitarbeiter und motiviert und inspiriert diese durch ambitionierte Visionen.[65] Im besten Fall finden sich die Mitarbeiter in der Unternehmensvision und den Werten der Organisation in hohem Maße wieder und arbeiten selbstständig auf deren Verwirklichung hin.[66] Dafür soll die Führungskraft zunehmend zum Mentor werden und den Mitarbeitern Freiräume schaffen, in denen sie ihre Talente entfalten können. Ihre Aufgabe soll es sein, die individuelle und fachliche Entwicklung der Mitarbeiter zu fördern. Ein entscheidender Aspekt dabei ist die Übertragung von Verantwortung, also dem Empowerment der Mitarbeiter.[67] Mit der transformationalen Führung und dem damit einhergehenden Empowerment der Mitarbeiter, wird das Konzept New Work im Kern und in seiner bergmannschen Wurzel[68] im Unternehmen aufgegriffen.[69]

---

[61] Vgl. (Lutze, Schaller, & Wüthrich, 2019) S.358.
[62] Vgl. (Hackl, Wagner, Attmer, & Baumann, 2017) S.124.
[63] Vgl. (Kreutzer, 2018) S.27.
[64] Vgl. (Creusen & Gall, 2017) S.131 und (Hackl, Wagner, Attmer, & Baumann, 2017) S.124.
[65] Vgl. (Lauer, 2019) S.89.
[66] Vgl. (Kreutzer, 2018) S.28.
[67] Vgl. (Hackl, Wagner, Attmer, & Baumann, 2017) S.124.
[68] Meint die ursprüngliche Definition des Begriffes „New Work" nach Frithjof Bergmann.
[69] Vgl. (Schermuly, 2019) S.187.

5.2.1.3 Empowerment der Mitarbeiter

Für New Work braucht es mündige und selbstständige Mitarbeiter. Das heißt zur Umsetzung benötigt es ein Empowerment der Mitarbeiter. Empowerment unterschiedet sich zwischen psychologischem und strukturellem Empowerment.

Psychologisches Empowerment bedeutet die Mitarbeitermitbestimmung und deren Autonomie zu fördern. Sie setzt sich zusammen aus vier Wahrnehmungen: Das Erleben von Bedeutsamkeit, Kompetenz, Selbstbestimmung und Einfluss im Beruf. Die Mitarbeiter, bei denen die genannten Rahmenbedingungen erfüllt sind, fühlen sich stark intrinsisch motiviert.[70] Sie agieren proaktiver, innovativer und leistungsfähiger, was zur Komplexitätsreduktion beitragen kann.[71]

Durch die Einbindung der Mitarbeiter in Entscheidungen und der Schaffung von Transparenz, werden die Mitarbeiter nicht nur empowert, gleichzeitig steigt ihre Akzeptanz Veränderungen gegenüber.[72] Darüber hinaus kann das psychologische Empowerment der Mitarbeiter, durch das Empowerment-Erleben der Führungskräfte erhöht werden. Denn je mehr psychologisches Empowerment die Mitarbeiter bei ihren Führungskräften wahrnehmen, desto mehr Empowerment erleben sie auch selbst. Ebenso besitzen Mitarbeiter, die ihre Führungskräfte als transformational erleben, mehr psychologisches Empowerment.[73]

Das psychologische Empowerment muss auch strukturell unterstützt werden. Es reicht nicht aus, dass sich Mitarbeiter empowert fühlen, sie müssen dafür auch strukturell empowert sein. Strukturelles Empowerment wird erreicht, durch das Verflachen von Organisationsstrukturen und das Abgeben von Entscheidungsbefugnissen an untere Hierarchieebenen.[74] Darüber hinaus müssen den Mitarbeitern ausreichend Räume für Begegnungen im Unternehmen gegeben werden. Es braucht Meeting-Räume und innovative Bürokonzepte, um autonome, informelle oder formelle Besprechungen und Arbeiten zu ermöglichen.[75] In diesem Punkt entsteht eine Überschneidung zwischen der Dimension People und der Dimension Places.

---

[70] Vgl. (Schermuly, 2016).
[71] Vgl. (Schermuly, 2019) S.184.
[72] Vgl. (Hackl, Wagner, Attmer, & Baumann, 2017) S.126.
[73] Vgl. (Schermuly, 2019) S.189.
[74] Vgl. (Schermuly, 2019) S.175.
[75] Vgl. (Kreutzer, 2018) S.29-30.

5.2.1.4 Netzwerkorganisation

Eine Studie der Pierre Audoin Consultants zeigt, dass Projektarbeit in den untersuchten Unternehmen, von 2012 bis 2015, um 62 Prozent anstieg.[76] Denn es sind solche flexible Kooperationsformen, die den steigenden Anforderungen an Innovations- und Anpassungsgeschwindigkeit gerecht werden. New Work braucht eine Entwicklung weg von starren, hierarchischen Organisationsformen, hin zu flexiblen Netzwerkorganisationen.[77] In Netzwerkorganisationen werden Teams projektbasiert gebildet. Mitarbeiter können gleichzeitig in verschiedenen Netzwerken aktiv sein. Sobald das Ziel des Projektes erreicht ist, löst sich das Netzwerk auf und ein neues wird gebildet. Netzwerke können nicht kontrolliert oder beherrscht werden, denn sie organisieren sich selbst. Die Führungskräfte sind Teil des Teams und sitzen mit ihren Mitarbeitern in Open Space Büros zusammen. Als Netzwerkadministratoren schaffen sie die Rahmenbedingungen, dass das Netzwerk optimal arbeiten kann. In Netzwerkorganisationen fühlen Mitarbeiter sich stärker empowert, erleben ihre Arbeit als sinnvoller, ihre Entscheidungen sind fundierter und werden der Komplexität der Problematik gerechter.[78]

5.2.2 Places

Die zunehmende Projektarbeit fordert verstärkt kollaborative Arbeitsweisen. Zusätzlich dazu führen stärker genutzte Formen mobilen Arbeitens, wie Home-Office, zu einer neuen Rolle von Büros. Demnach wird die Bürozeit nicht mehr primär zur Einzelarbeit genutzt, sondern verstärkt für eine kommunikative Zusammenarbeit. Bezüglich Places benötigt es daher einen Wandel weg von isolierten Einzelbüros hin zu kommunikativen und kreativitätsfördernden Bürokonzepten.[79]

5.2.2.1 Activity Based Workplace

Zunehmend mobile Arbeitsmöglichkeiten führen zu temporären und auch dauerhaftem Flächenleerstand.[80] Aufgrund von Meetings, Fehlzeiten und sonstigen Abwesenheiten sind Arbeitsplätze nur zu 30-40 Prozent ausgelastet. Allein durch Urlaube bleibt jeder Arbeitsplatz rund fünf Wochen im Jahr ungenutzt. Das Konzept Desk Sharing verhindert diese Ressourcenverschwendung und schafft gleichzeitig

---

[76] Vgl. (Pierre Audoln Consultants; Hays AG, 2015) S.12.
[77] Vgl. (Rump & Eilers, 2017) S.27.
[78] Vgl. (Schermuly, Haufe.de, 2019).
[79] Vgl. (Bartz & Schmutzer, 2014) S.25.
[80] Vgl. (Klaffke, 2016) S.6.

mehr Flexibilität im Büro. Desk Sharing bedeutet, dass es keine fest zugeordneten Arbeitsplätze mehr gibt und Mitarbeiter sich die Plätze teilen und frei aussuchen. Dadurch werden weniger Arbeitsplätze als Mitarbeiter benötigt, was zu einer Kostenreduktion führt. Vor allem jedoch ermöglicht Desk Sharing eine projektorientiertere Zusammenarbeit, weil Kollegen, welche an einem momentanen Projekt zusammenarbeiten, sich einfacher zusammensetzen können.[81]

Mit Desk Sharing einhergehend gilt als grundlegendes Gestaltungsmerkmal für New Work eine offene Raumfläche, die, in flexibel nutzbare Zonen unterteilt, vielfältige Arbeitsmöglichkeiten zulässt und Interaktion bietet. So sollen Beschäftigte je nach Aufgabe das passende Raummodul wählen können: für Routinetätigkeiten den Einzelarbeitsplatz im „Open Space", für kreative Stunden den „Creative Space" oder für hoch konzentriertes Arbeiten den „Thinktank" (siehe Anhang 1).[82] Dieses Konzept nennt sich „Activity Based Working" und bildet das Zentrum von New Work.[83] Ziel ist es, unterschiedliche Arbeitsweisen aktivitätsorientiert zu unterstützen und Wahlmöglichkeiten für die Arbeitserledigung zu bieten.[84] Activity Based Working richtet sich nach der Unternehmenskultur sowie den dort herrschenden Mitarbeiteraktivitäten und –bedürfnissen. Daher ist dieser Gestaltungsansatz höchst individuell und muss an der Unternehmenskultur ausgerichtet werden.[85]

Diese neue Form der Zusammenarbeit soll Mitarbeiter zum Wissensaustausch anregen und Teamarbeit auch außerhalb von Besprechungen ermöglichen. Außerdem soll sie soziale Netzwerke und Kontakte zwischen Abteilungen fördern und spontane Interaktionen, zum Beispiel für Innovationen, stimulieren. Zusätzlich soll mobiles und zeitunabhängiges Arbeiten gefördert werden.[86] Die vorgestellten Bürokonzepte unterstützen einen Wandel der Veränderungsdimension People in Richtung New Work, da sie die Kommunikation intensivieren, projektorientierte Kollaboration fördern und hierarchische Hindernisse beseitigen.[87]

---

[81] Vgl. (Hackl, Wagner, Attmer, & Baumann, 2017) S.139.
[82] Vgl. (Klaffke, 2017) S.1.
[83] Vgl. (Hackl, Wagner, Attmer, & Baumann, 2017) S.123.
[84] Vgl. (Klaffke, 2016) S.13.
[85] Vgl. (Hackl, Wagner, Attmer, & Baumann, 2017) S.123.
[86] Vgl. (Klaffke, 2016) S.13.
[87] Vgl. (Hackl, Wagner, Attmer, & Baumann, 2017) S.73.

So wird zum Beispiel die flachere Hierarchie und das strukturelle Empowerment durch das neue Bürokonzept sichtbar, da viele Führungskräfte ebenfalls im „Open Space" arbeiten, statt in privilegierten Einzelbüros.[88]

5.2.3 Tools

Damit Kommunikation und Produktivität in einer projektorientierten und mobil-flexiblen Zusammenarbeit gewährleistet werden können, sind geeignete Tools dafür unersetzlich.[89] Um mobiles und flexibles Arbeiten sowie Activity Based Working zu ermöglichen, müssen entsprechende technologische Voraussetzungen geschaffen werden. Hierzu zählt beispielsweise, die Mitarbeiter mit Laptops und Mobiltelefonen auszustatten sowie ein leistungsfähiges und flächendeckendes WLAN-Netzwerk im Büro einzurichten. Ebenso notwendig ist die Einführung von cloud-basierten Diensten, um den ortsungebundenen Zugang zu Dokumenten und Daten zu ermöglichen.[90]

Zusätzlich empfiehlt es sich Workplace Management Lösungen einzuführen, die beispielsweise eine Reservierung von Arbeitsplätzen und Besprechungsräumen unterstützen sowie Instant Messaging Tools und unternehmensinterne Social Media.[91] Der intelligente Einsatz von moderner Technologie ermöglicht beispielsweise, dass jeder Mitarbeiter von IBM sein vollwertiges Büro immer bei sich hat. Konkret bedeutet das, dass jeder Mitarbeiter ein Smartphone und Laptop inklusive Kollaboration-Software erhält, welche einen Instant Messenger sowie interne Social Media Tools umfasst. Damit wird jedem Mitarbeiter immer und überall der Zugriff auf die Arbeitsdokumente und eine tiefergehende Projektzusammenarbeit und –kommunikation ermöglicht. Zum Beispiel können bei IBM kurze, informelle Fragen schnell mit Hilfe des Instant Messaging Tools geklärt sowie Informationen in Online-Communities geteilt werden.[92] Demnach unterstützt die Dimension Tools die Mitarbeiter in ihrer Selbstständigkeit, Kommunikation und Innovation sowie in ihrer Flexibilität und Agilität.

---

[88] Vgl. (Elmiger & Pistauer, 2017) S.270.
[89] Vgl. (Hackl, Wagner, Attmer, & Baumann, 2017) S.146.
[90] Vgl. (Klaffke, 2016) S.22.
[91] Vgl. (Klaffke, 2016) S.22.
[92] Vgl. (Fischer & Laggner, 2017) S.247-248.

5.2.4 Gesamtheitlicher Blick

Wie eingangs beschrieben, wird New Work nur dann erfolgreich im Unternehmen etabliert, wenn alle drei Veränderungsdimensionen den Leitgedanken aufgreifen, einbeziehen und unterstützen. So fordert eine neue flexible Bürophilosophie mit den einhergehenden Wahlmöglichkeiten der Arbeitserledigung eine veränderte Form der Mitarbeiterführung. Somit wird es unerlässlich Raum für Selbstorganisation zu geben und auf Ergebnis- statt Präsenzorientierung zu setzen. Damit verbunden ist eine zeitgemäße Interpretation der Rolle der Führungskraft, die nicht anweist und kontrolliert, sondern als Mentor und Coach, die Mitarbeiter empowert.[93] Gleichzeitig zeigt sich, dass die Gestaltung der Büroräumlichkeiten stark mit den Technologien und Werkzeugen zusammenhängt, die darin verwendet werden sollen. Die Tools wiederum stiften nur dann Nutzen, wenn sie den Mitarbeitern, die damit arbeiten Vorteile bringen, beispielsweise anhand einer zielgerichteten Kommunikation oder einer Zeitersparnis. Die „People" sind es auch, die in den „Places", unabhängig ob im Büro oder virtuell, durch mobiles Arbeiten (ermöglicht durch die „Tools"), ihre Arbeit verrichten. Folglich wirkt sich jede Veränderung der Büros oder der Hilfsmittel stark auf die Mitarbeiter aus sowie eine Veränderung der Arbeitsweise der Mitarbeiter, Veränderungen des Umfelds („Places" und „Tools") fordert.[94]

Für die Vorgehensweise für das Change Management von New Work bedeutet das, dass es erfolgskritisch ist, alle drei Veränderungsdimensionen gemeinsam zu betrachten. Dies erfordert für die Umsetzung, dass bereichsübergreifend zusammengearbeitet wird und ein gemeinsames Zielbild gegeben ist.[95]

[93] Vgl. (Klaffke, 2016) S.23.
[94] Vgl. (Bartz, Gnesda, & Schmutzer, 2017) S.429.
[95] Vgl. (Bartz, Gnesda, & Schmutzer, 2017) S.430.

6 Umsetzung eines New Work Veränderungsprojektes

Nachdem erläutert wurde, welche Aspekte eine New Work Organisation ausmachen und dahingehend veränderungsnotwendig für einen New Work Wandel sind, soll nun aufgezeigt werden, wie die Umsetzung der Veränderungsgegenstände erfolgreich gestaltet werden kann. Um eine erfolgreiche Vorgehensweise für das Change Management für New Work zu definieren, werden zunächst praxisbewährte Change Management Modelle[96] herangezogen, welche den Veränderungsprozess in Phasen untergliedern und einen Handlungsrahmen vorgeben. Anschließend werden Praxisbeispiele von New Work Veränderungsprojekten hinsichtlich ihrer Vorgehensweise analysiert, um im späteren Verlauf der Arbeit, durch den Abgleich mit den Phasenmodellen Besonderheiten im Change Management für New Work abzuleiten.

6.1 Phasenmodelle im Change Management

Im Folgenden wird das Erfolgsfaktoren-Modell nach Lauer vorgestellt und die zeitliche Abfolge der Erfolgsfaktoren wird mit den Stufen des Acht-Stufen-Modells nach Kötter sowie mit den Phasen des Fünf-Phasen-Modell nach Krüger abgeglichen. Damit soll die Quintessenz einer erfolgreichen Vorgehensweise herausgestellt werden.

Das Erfolgsfaktoren-Modell nach Lauer besteht aus den Abschnitten „Ausgangssituation", „Veränderungsprozess" und „Ziel". In den unterschiedlichen Stufen des Change-Prozesses sind auch verschiedene Arten der Motivation gefragt. In der Ausgangssituation ist „Startmotivation" notwendig, um die Wandlungsbereitschaft zu wecken und die Trägheit der Organisation gegenüber Veränderungen zu überwinden. Diese Motivation führt jedoch weder zum Ziel, noch schafft sie Ausdauer um einen langandauernden Veränderungsprozess zu überstehen. Dafür bedarf es nach dem Beginn „Prozessmotivation" für einen fortwährenden Veränderungsantrieb. Darüber hinaus benötigt ein erfolgreiches Veränderungsprojekt „Zielmotivation" zur Bestimmung der Zielrichtung. Diese drei motivatorischen Erfolgsbausteine werden idealerweise fortwährend begleitet durch den vierten Erfolgsbaustein „Orientierung".

---

[96] Vgl. (Zelesniack & Grolman, kein Datum).

Folglich ergibt sich folgende Formel für die Wahrscheinlichkeit eines erfolgreichen Wandels:[97]

$$\text{„}p(E) = U \cdot V \cdot K > W$$

Dabei bezeichnen:

$p(E)$ = Wahrscheinlichkeit für einen erfolgreichen Wandel

U = Unzufriedenheit mit dem Status Quo

V = Klarheit der Vision, auf die der Wandel zielt

K = Klarheit der ersten Schritte zur Umsetzung des Wandels

W = Ausmaß des Widerstands.“[98]

Der Formel nach führt ein hohes Ausmaß an Unzufriedenheit mit dem Ist-Zustand zu einer erhöhten Startmotivation. Die Prozessmotivation wird erhöht durch die Klarheit über die ersten Schritte und die Orientierung, als auch die Zielmotivation werden durch die Klarheit der Vision unterstützt. Auffällig ist hierbei die multiplikative Verknüpfung der Faktoren.[99] „Diese bedeutet, dass das Fehlen auch nur einer der Motivationsarten zum Scheitern des gesamten Wandels führt", betont Lauer.[100]

Jeder dieser Erfolgsbausteine lässt sich untergliedern in Erfolgsfaktoren, welche zur Entstehung der Komponente beitragen und den Weg zur Praxis des Change Managements weisen. Wandel verursacht grundsätzlich Verunsicherung bei den Betroffenen, welche durch Orientierung vermindert werden soll. Dafür benötigt es eine sichtbare Struktur im Vorgehen sowie Transparenz durch Information. Struktur in Veränderungsprozessen wird geschaffen durch die Projektorganisation und erfahrenen Prozessberater. Informiert wird durch professionelle Moderation zwischen beteiligten Gruppen sowie generelle Kommunikation. Erfolgsfaktoren für den Erfolgsbaustein „Orientierung" lassen sich somit zusammenfassen unter „Projektorganisation", „Konsultation" und „Kommunikation."[101]

Um Startmotivation aufzubauen, braucht es zum einen motivierte Führungskräfte, welche den Wandel initiieren und trotz Widerständen durchführen wollen sowie

---

[97] Vgl. (Lauer, 2019) S.71-73.

[98] Siehe (Lauer, 2019) S.73.

[99] Vgl. (Lauer, 2019) S.73.

[100] Siehe (Lauer, 2019) S.73.

[101] Vgl. (Lauer, 2019) S.74-75.

eine wandlungswillige und –fähige Unternehmenskultur. Diese Erfolgsfaktoren werden von Lauer zusammengefasst unter „Person" und „Evolution".102

Die Prozessmotivation muss von längerer Dauer sein, um Rückschläge und Widerstände zu verkraften. Dafür reicht ein lohnendes Ziel alleine nicht aus. Der Prozess und die Gestaltung selbst müssen Befriedigung schaffen. Dafür benötigt es intrinsische Motivation, bestehend aus den Komponenten Kompetenz, Autonomie und soziale Eingebundenheit. Die Erfolgsfaktoren, welche genannte Komponenten zur intrinsischen Motivation fördern, sind: „Re-Edukation103", „Partizipation" und „Integration".104

Neben der intrinsischen Motivation ist das Erreichen eines lohnenswerten Ziels ebenfalls ein wichtiger motivationaler Baustein, sowohl zur Überwindung der Startträgheit, als auch für die Ausdauer im Veränderungsprozess. Die Zielmotivation wird gefördert durch den Erfolgsfaktor „Vision". Die Vision muss für die Mehrheit der Beteiligten erstrebenswert und erreichbar sein, um zu motivieren.[105] Zusammenfassend lässt sich das Erfolgsfaktoren-Modell nach Lauer, wie in Abbildung 2 darstellen.

---

[102] Vgl. (Lauer, 2019) S.75-76.
[103] Re-Edukation meint den Aufbau von Kompetenzen durch Personalentwicklungsmaßnahmen.
[104] Vgl. (Lauer, 2019) S.76-78.
[105] Vgl. (Lauer, 2019) S.78-80.

Abbildung 2: Erfolgsfaktoren-Modell nach Lauer

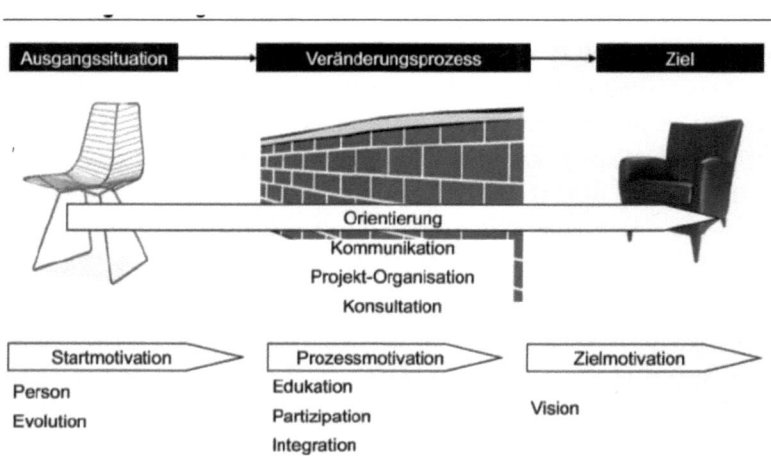

Quelle: (Lauer, 2019) S.81.

Der zeitliche Ablauf der Erfolgsfaktoren lässt sich wie in Abbildung 3 (S.32) skizzieren. Am Anfang eines Change-Prozesses steht eine **Person**, welche einen Wandel initiieren möchte und Wandlungsbereitschaft schafft. Diese Person ist meistens im Top-Management angesiedelt, pflegt einen auf Veränderung gerichteten Führungsstil und entwickelt in diesem Zusammenhang eine klare **Vision** bezüglich der Zukunft im Unternehmen. Diese Vision wird anschließend an die Beteiligten des Veränderungsprozesses kommuniziert (**Kommunikation**). In der folgenden Umsetzungsphase der Veränderung, sollten die Mitarbeiter des Unternehmens in den Veränderungsprozess miteinbezogen werden (**Partizipation**). Beispielsweise bei der Konkretisierung der Vision und dem Festlegen der Maßnahmen. Für die Orientierung der Beteiligten während des Umwandlungsprozesses empfiehlt es sich oftmals auf einen erfahrenen, externen, Prozessberater zurückzugreifen. Dieser kann durch seine professionelle und neutrale Moderation die Partizipation (**Konsultation**) sowie die **Integration** von unverbundenen Gruppen fördern. Gleichzeitig soll durch das Führungsverhalten und die Konsultation das Kompetenzerleben der Beteiligten gesteigert werden und so zu einem breiteren Empowerment führen (**Re-Edukation**).

Für ein ausreichendes Maß an Orientierung während des Wandels, sollte der gesamte Prozess von einer geeigneten Projekt-Organisation, Kommunikation sowie Konsultation begleitet werden.[106]

Abbildung 3: Das Zusammenwirken der Erfolgsfaktoren im Zeitablauf

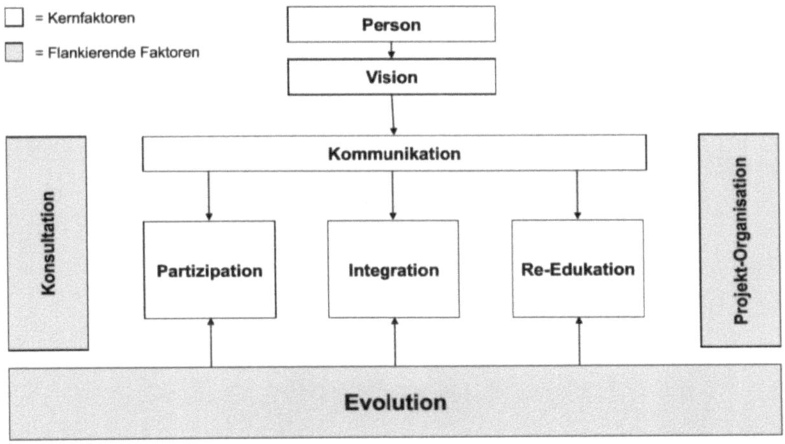

Quelle: (Lauer, 2019) S.83.

Vergleicht man diesen zeitlichen Ablauf mit denen von Kotter und Krüger sind Parallelen zu erkennen (siehe Tabelle 1 S.34). Demnach kann die Anfangsphase eines Veränderungsprozesses laut Krüger, unter „Initialisierung", „Konzipierung" und „Mobilisierung" zusammengefasst werden. Während der Initialisierung wird Wandlungsbedarf festgestellt und die Wandlungsträger aktiviert. In der Phase der Konzipierung werden Ziele und Maßnahme entworfen, um dann während der Mobilisierung das Veränderungskonzept kommunizieren und eine Wandlungsbereitschaft schaffen zu können. Diesen drei Phasen können die ersten vier Stufen des Modells von Kotter zugeordnet werden. Angefangen damit, ein Gefühl der Dringlichkeit zu erzeugen, das Führungsteam aufzubauen (Erfolgsfaktor Projekt-Organisation), dann eine Vision und Strategie zu entwickeln, um letztendlich diese Vision des Wandels zu kommunizieren. Auch nach Lauer besteht der erste Schritt darin, die Wandlungsbereitschaft zu fördern und die Unzufriedenheit mit dem Status Quo zu erhöhen. Im Anschluss folgt die Umsetzungsphase des Wandels, in der die Vorhaben durchgeführt werden. Kotter untergliedert diese Phase stärker und ergänzt

---

[106] Vgl. (Lauer, 2019) S.81.

zum einen das Empowerment jeder hierarchischen Ebene (Erfolgsfaktoren Partizipation, Re-Edukation und Integration), dem Erreichen kurzfristiger Ziele und dessen Zelebration zur Verstärkung der Prozessmotivation sowie die Festigung der Erfolge und das Ableiten weiterführender Maßnahmen.

In der letzten Phase des Prozesses der „Verstetigung" betonen Kotter und Krüger die Verankerung der Wandlungsergebnisse. Lauer fasst diesen Punkt unter dem Erfolgsfaktor „Evolution" zusammen und meint damit ebenfalls eine Weiterentwicklung der Unternehmenskultur bezüglich der Wandlungsbereitschaft und -fähigkeit. Jedoch ordnet Lauer diesen Punkt nicht in einen zeitlichen Ablauf ein, sondern als flankierenden Faktor.[107]

---

[107] Vgl. (Lauer, 2019) S.70-82 und (Kotter, 2011) S.35-136 sowie (Krüger & Bach, 2014) S.39-51.

Tabelle 1: Change Management Ablaufmodelle im Vergleich

Erfolgsfaktoren-Modell nach Lauer	Acht-Stufen-Modell nach Kotter	Fünf-Phasen-Modell nach Krüger
Erfolgsbaustein: Orientierung Orientierung schaffen, durch Strukturierung des Vorgehens, Konsultation und Kommunikation. **Flankierende Faktoren: Evolution, Konsultation, Projekt-Organisation**	1. Gefühl der Dringlichkeit erzeugen.	1. Initialisierung • Wandlungsbedarf feststellen. • Wandlungsträger aktivieren.
Ausgangssituation: • Startmotivation sammeln. • Wandlungsbereitschaft fördern, durch Führung, Vision und Unternehmenskultur. **Kernfaktoren:** 1. Person 2. Vision 3. Kommunikation	2. Führungsteam aufbauen. 3. Vision und Strategie entwickeln. 4. Vision des Wandels kommunizieren.	2. Konzipierung • Wandlungsziele festlegen. • Maßnahmenprogramm entwickeln. 3. Mobilisierung • Wandlungskonzept kommunizieren. • Wandlungsbereitschaft und -fähigkeit schaffen.
Veränderungsprozess: • Prozessmotivation erhalten. • Intrinsische Motivation fördern, durch Erleben von Autonomie, Kompetenz und Soziale Eingebundenheit. **Kernfaktoren:** 4. Partizipation, Re-Edukation, Integration	5. Empowerment auf allen Ebenen. 6. Kurzfristige Ziele erreichen und Erfolge feiern. 7. Erreichte Erfolge festigen und weitere Veränderungen ableiten.	4. Umsetzung • Prioritäre Vorhaben durchführen. • Folgeprojekte durchführen.
Ziel: Zielmotivation fördern, durch erstrebenswerte und erreichbare Ziele und gewährleisteter Belohnung.	8. Veränderungen in Unternehmenskultur verankern.	5. Verstetigung • Wandlungsergebnisse verankern. • Wandlungsbereitschaft und -fähigkeit sichern.

Quelle: Eigene Darstellung in Anlehnung an (Lauer, 2019) S.70-82 und (Kotter, 2011) S.35-136 sowie (Krüger & Bach, 2014) S.39-51.

6.2 Next Generation Enterprise Transformation Framework

Das Transformation Framework nach Bartz et al. ist ein Phasenmodell zur Umsetzung von New Work Projekten und dient als Wegweiser durch die Phasen der Veränderung. Die Autoren betonen, „(...) dass die Wege anderer Unternehmen nicht „einfach" kopierbar sind, da jedes Unternehmen an einem anderen Punkt und unter anderen Bedingungen und Voraussetzung startet."108 Das Modell wird von den Autoren eher spärlich beschrieben und wenig definiert, trotzdem bietet es erste Handlungsempfehlungen gezielt für eine New Work Umsetzung. In Abbildung 4 werden die Phasen des Modells zusammenfassend dargestellt.

Abbildung 4: Next Generation Enterprise Transformation Framework

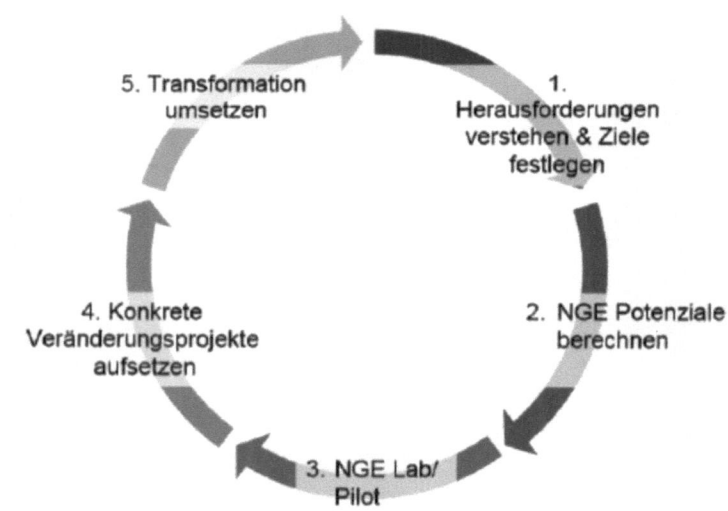

Quelle: (Bartz, Gnesda, & Schmutzer, 2017) S.431.

Wie in Abbildung 4 zu sehen ist, geht es am Anfang darum, die Transformation gesamthaft zu erfassen und interdisziplinär zu betrachten. Die Organisation muss gemeinsam Ziele definieren und eine Vision entwickeln. Leitfragen hierfür lauten: Was bedeutet New Work für uns? Was wollen wir und was wollen wir nicht? Ebenso ist es hier notwendig Abhängigkeiten zwischen den Aktivitäten der drei Veränderungsdimensionen zu identifizieren. In Phase 2 sollen Potenziale und Vorteile von New Work für das Management und die Mitarbeiter analysiert werden,

---

108 Siehe (Bartz, Gnesda, & Schmutzer, 2017) S.430.

um den möglichen Nutzen darzustellen. Anschließend soll die neue Welt des Arbeitens ausgetestet werden. Um herauszufinden, wie New Work im eigenen Unternehmen aussehen soll, empfiehlt es sich New Work erst in risikoarmer Weise auszuprobieren. So dient Phase 3 dazu, Ideen und Erfahrungen zu sammeln, erfolgskritische Aspekte für die Umsetzung zu identifizieren sowie Ängste und Widerstände zu reduzieren. Danach kann in der vierten Phase, auf Basis der Ziele und den Ergebnissen aus den Pilotprojekten, eine „Transformation Map" mit konkreten Maßnahmen definiert werden. In der letzten Phase soll die Transformation umgesetzt werden. Betont wird hierbei, dass erzielte Fortschritte auf dem Weg genau zu messen sind, um die angestrebten Vorteile zu erreichen und gegebenenfalls Nachjustierungen vornehmen zu können.[109]

Das NGE Transformation Modell unterscheidet sich stark von den klassischen Erfolgsmodellen, welche beispielsweise eine differenzierte Ausgestaltung der Umsetzungsphase beschreiben. Die ersten vier Phasen des Transformation Frameworks beschreiben eher eine Vorbereitung für den Umwandlungsprozess und sind ähnlich zu den Phasen der Initialisierung und der Konzipierung nach Krüger. Die eigentliche Durchführung der Transformation sowie wichtige Erfolgsfaktoren dafür bleiben im Modell eher unberücksichtigt.

6.3 Umsetzung von New Work in der Praxis

Nach dem Einblick in die Ablaufmodelle der Theorie, werden nun erfolgreiche New Work Veränderungsprojekte in der Praxis hinsichtlich ihrer Vorgehensweise und Erfolgsfaktoren analysiert. Die zwei gewählten Praxisbeispiele unterscheiden sich in der Zielsetzung und Größe ihrer Projekte sowie in der allgemeinen Organisationsgröße. Die Bespiele wurden gezielt deswegen ausgesucht und sollen so auf der Metaebene ein deutlicheres Bild einer allgemeingültigen Vorgehensweise abzeichnen.

6.3.1 ERSTE Bank – Der neue Zusammenarbeitsplatz

Die ERSTE Bank nutze beim Umzug des Firmensitzes, zwischen 2012 und 2016, „eine historische Chance". Sie errichtete für die rund 4500 Mitarbeiter eine neue, inspirierende Arbeitswelt mit maximaler Flexibilität und einer Arbeitskultur, die für die Zukunft prägend ist.[110] Die Transformation begann mit dem Engagement

---

[109] Vgl. (Bartz, Gnesda, & Schmutzer, 2017) S.431-437.
[110] Vgl. (Weiss & Gnesda, 2017) S.171

29

und der Unzufriedenheit von Peter Weiss, einer Person aus dem Top-Management: „Die angedachte Innenarchitektur war mir einfach zu einfallslos, viel zu traditionell. (...) Die vor mir liegende Büroraumplanung diente lediglich der Arbeitsverrichtung, aber auf keinen Fall würde man sich dort wohlfühlen."[111]

Daraufhin begann Weiss sich intensiv mit New Work auseinander zu setzen und eine Vision zu entwickeln: „Das, was wir hier bauen, ist viel mehr als ein Bürogebäude. Die Chance, die wir hier haben ist eine historische. Wir sollten jetzt diese Chance nutzen, uns ein Stück weiter zu transformieren und zu entwickeln sowie auf aktuelle Anforderungen Rücksicht nehmen (...)."[112]

Die Vision überzeugte den Vorstand und Weiss konnte damit beginnen ein Konzept zu entwickeln. Im ersten Schritt wurden Referenzprojekte gesichtet, um zu verstehen, wie solch eine Umsetzung gelingen konnte. Dabei wurde dem Team bewusst, wie wenig das Projekt mit der Veränderung der Räume zu tun hatte. „Vielmehr ist es ein komplexes Zusammenspiel der drei Dimensionen Menschen, Raum und Technologie, die in ihren Wechselwirkungen betrachtet und aufeinander abgestimmt werden müssen", unterstreicht Weiss.[113] Um den Wandel erfolgreich zu gestaltet sei es notwendig gewesen alle Aspekte des Projektes abzudecken. Dafür wurden fünf Projektteams für die Teilbereiche „Space", „IT", „Business Processes", „People & Change" und „Communications" aufgesetzt.[114] Die Teams wurden fachmännisch durch die Beratungsagentur „teamgnesda" unterstützt.[115]

Es wurden drei Jahre zur intensiven Vorbereitung genutzt, um die Veränderungskurve möglichst flach zu halten. Dabei wurde ein detailliertes Veränderungsdesign entworfen. Sämtliche Veränderungen, Vorbereitungen und Maßnahmen, die auf die unterschiedlichsten Stakeholder der ERSTE Group zukamen, wurden in einer „Change Roadmap" aufgefasst. Währenddessen wurde informiert, beteiligt und geübt. In sehr breit gefächerten Informations- und Trainings-Maßnahmen, in Form von Workshops, Fragestunden, Mitarbeiter- und Führungsveranstaltungen gelang es alle Mitarbeiter bestmöglich auf die neue Arbeitswelt vorzubereiten. Ebenso war die Einbindung der Mitarbeiter bei wichtigen Entscheidungen erfolgsentscheidend. Die Mitarbeiter erarbeiteten beispielsweise gemeinsam die Grundsätze der

---

[111] Siehe (Weiss & Gnesda, 2017) S.173.
[112] Siehe (Weiss & Gnesda, 2017) S.173.
[113] Siehe (Weiss & Gnesda, 2017) S.175.
[114] Vgl. (Weiss & Gnesda, 2017) S.175.
[115] Vgl. (Weiss & Gnesda, 2017) S.185.

zukünftigen Zusammenarbeit. Des Weiteren wurde eine Technologiephase vor der Übersiedlung zwischengeschaltet. Dabei wurden die Mitarbeiter ein halbes Jahr vorher mit Notebooks ausgestattet und mit neuen Tools konfrontiert, um sie daran zu gewöhnen und keine Überlastung der Mitarbeiter zu provozieren.[116]

Parallel zur Vorbereitungsphase wurde an einem Standort eine Pilotfläche, mit rund 100 Mitarbeitern aus unterschiedlichen Organisationseinheiten und Job-Profilen, errichtet. Darin konnten nicht nur räumliche Gestaltungskonzepte ausgetestet werden, sondern vor allem sollte hier mit dem „neuen Arbeiten" experimentiert werden.[117] Das Ergebnis aller Projekt-Aktivitäten ist eine moderne und flexible Arbeitswelt, mit zufriedeneren und kreativeren Mitarbeitern. Dafür etablierte die ERSTE Bank ein Activity Based Workplace mit modernster medientechnischer Ausstattung, welcher kollaboratives Arbeiten überall im Open Office und auch von zu Hause aus ermöglicht.[118]

6.3.2 New Work bei CYP

Die CYP (Challenge Your Potential) ist ein mittelständisches Unternehmen mit rund 80 Mitarbeitern. Im Jahr 2014 begann der Transformationsprozess der CYP von einer klassisch geführten Organisation mit traditionellen Hierarchien hin zu einer flexiblen Netzwerkstruktur.[119]

Dem Unternehmen wurde zunehmend bewusst, dass herkömmliche Methoden und Strukturen der komplexen Marktsituation und deren neuen Anforderungen nicht mehr gerecht werden. Deshalb war das Ziel der CYP mit ihrer New Work Initiative, die Organisation auf die neuen Herausforderungen vorzubereiten, indem die Agilität und Selbststeuerung des Unternehmens erhöht wird. Ebenso sollten Werte, wie Diversität und Individualität, das Zusammenspiel von unterschiedlichen Kompetenzen und Perspektiven ermöglichen, um so die Interdisziplinarität und die kollektive Intelligenz im Unternehmen zu fördern. Angestrebt wurde vor allem, dass durch eine Netzwerkorganisation, die Mitarbeiter ein psychologisches Empowerment erfahren und so eine Neupositionierung des Menschen in der Arbeitswelt verwirklichen zu können.[120]

---

[116] Vgl. (Weiss & Gnesda, 2017) S.177.

[117] Vgl. (Weiss & Gnesda, 2017) S.178.

[118] Vgl. (Weiss & Gnesda, 2017) S.182-283.

[119] Vgl. (Zimmermann, Thoma, Eyer, & Böniger, 2018) S.219.

[120] Vgl. (Zimmermann, Thoma, Eyer, & Böniger, 2018) S.220.

Auch die CYP erkannte, dass New Work einen umfassenden Veränderungsprozess bedeutet: „Für ein erfolgreiches Gelingen kann man nicht ein bisschen innovativ sein und den Mitarbeitenden nicht ein bisschen unternehmerisches Denken zugestehen. Es bedeutet, dass die gesamte Unternehmensaufstellung mit allen existierenden Themenfeldern entsprechend ausgerichtet werden muss."[121] So sind Beispiele für betroffene Themenfelder: Organisationsstruktur, Kommunikation, Tools, Entscheidungsfindung, Spielregeln, Sprache und Führung.[122] Vor allem eine gemeinsame New-Work-Sprache zu kreieren, sei laut der CYP besonders wichtig, denn „(...) die Kreation von neuen Begriffen ist ein Teil der (Unternehmens-)Kulturentwicklung."[123]

Die CYP konkretisierte ihr Vorgehen und fasste sie in folgende sieben Schritte zusammen. Zu Beginn entwickelte die CYP ein gemeinsames Verständnis, weshalb diese Organisationsentwicklung so wichtig sei. Um diesen „Reason Why" zusätzlich zu bestärken und die innere Bereitschaft für den Wandel zu erhöhen, folgte eine Inspirationsphase, in welcher Literatur analysiert wurde und ein Austausch mit externen Partnern stattfand. Anschließend wurden die beiden Zielbilder „Netzwerkstruktur" und „psychologisches Empowerment" definiert. Danach wurde ein Projektteam aufgestellt, welche neue Strukturen und Spielregeln erarbeitete. Diese wurden weiterführend von allen Mitarbeitern gemeinschaftlich weiterentwickelt, sodass eine neue Ordnung sowie neue Tools entstanden. Im nächsten Schritt erkannte die CYP, dass eine Netzwerkstruktur andere Kompetenzen benötigt, als eine klassische Hierarchie. Diese Kompetenzen wurden gemeinsam erarbeitet, um anschließend die neuen Vorgehensweisen und Tools auszuprobieren, umzusetzen und gegebenenfalls erneut weiterzuentwickeln. Der letzte aufgezählte Schritt der CYP ist die Kulturentwicklung und Mobilisierung. Dieser Schritt umspannt alle vorangegangen Schritte und meint die flankierenden Erfolgsfaktoren für eine erfolgreiche Umsetzung. Diese seien bei der CYP gewesen: „ (...) eine Balance zu finden zwischen Wegoffenheit, sich einlassen auf Neues auf der einen Seite, und Orientierung sowie Sicherheit auf der anderen Seite."[124] Außerdem trugen eine gemeinsame Projektvision, das Involvieren aller Beteiligten und das Fördern transparenter Lernschlaufen zum Erfolg bei.[125]

---

[121] Siehe (Zimmermann, Thoma, Eyer, & Böniger, 2018) S.222.
[122] Vgl. (Zimmermann, Thoma, Eyer, & Böniger, 2018) S.222.
[123] Siehe (Zimmermann, Thoma, Eyer, & Böniger, 2018) S.222.
[124] Siehe (Zimmermann, Thoma, Eyer, & Böniger, 2018) S.223.
[125] Vgl. (Zimmermann, Thoma, Eyer, & Böniger, 2018) S.222-223.

6.3.3 Praktisches Vorgehen im Vergleich

Bei der Gegenüberstellung der beschriebenen Vorgehensweisen in der Praxis ist eine gewisse Ähnlichkeit festzustellen (siehe Tabelle 2 S.43). So beginnt der Wandel aus einer Unzufriedenheit der Lage beziehungsweise aus einer Notwendigkeit heraus. Im nächsten Schritt wird eine Vision entwickelt und Commitment vom Management eingeholt. Bei CYP war der Schritt nicht nötig, weil es das Management selbst war, welches den Wandel initiierte. Um konkrete Ziele und Maßnahmen für eine Change Roadmap zu entwickeln, wurden Referenzprojekte gesichtet. Die Veränderungsprojekte unterscheiden sich erheblich in ihrem Umfang, weswegen unteranderem die Vorbereitungsphase sich im Detailgrad unterscheidet. Demnach bezog beispielsweise die ERSTE Bank externe Berater mit ein und formulierte eine detaillierte Change Roadmap. Nichtsdestotrotz spielte bei der Umsetzung die Kommunikation, Partizipation und Integration in beiden Fällen eine erhebliche Rolle. So wurden unter anderem neue Regeln der Zusammenarbeit gemeinsam mit den Mitarbeitern aufgestellt. Die Mitarbeiter wurden ebenso in Workshops und Trainings geschult, um neue notwendige Kompetenzen zu erwerben. Hervorzuheben ist ebenfalls das experimentelle Testen der Konzepte, zur Ableitung wichtiger Lernerfahrungen und zur Weiterentwicklung des Konzeptes. Anschließend folgte bei der ERSTE Bank die Einführung der Tools und der Wandel des Places, während bei der CYP, bedingt durch die kleine Organisationsgröße, die Testphase schon die eigentliche Umsetzungsphase darstellte.

Tabelle 2: Vorgehensweise und Erfolgsfaktoren in der Praxis im Vergleich

ERSTE Bank			Flankierende Erfolgsbausteine:		CYP			Flankierende Erfolgsfaktoren:
Ablauf	**Erfolgs-faktoren**				**Ablauf**	**Erfolgs-faktoren**		
1. Unzufriedenheit mit aktueller Lage.	1. Person		• Orientierung durch Change Roadmap, Projekt-Organisation	• Flankierende Erfolgsbausteine: Orientierung durch Change Roadmap, Projekt-Organisation • Konsultation • Kommunikation	1. Unzufriedenheit mit aktueller Lage.	1. Vision		• Orientierung und Wegoffenheit • Transparente Lernschlaufen; Evolution • Kommunikation und Partizipation
2. Entwicklung von Vision und Zielen.	2. Vision				2. Entwicklung von Vision und Zielen durch:	2. Partizi-pation, Re-Edukation, Integration		
3. Commitment vom Management einholen.	3. Top-Down Commit-ment				• Reason Why,			
4. Sichtung von Referenzprojekten.	4. Kommuni-kation				• Inspiration: Sichtung von Referenz-projekten.			
5. Aufstellung von Projektteams.	5. Partizi-pation, Re-Edukation, Integration				3. Aufstellung eines Projektteams.			
6. Bezug externer Projektberater.					4. Beteiligung und Information aller Mitarbeiter.			
7. Gestaltung einer Change Roadmap.					5. Aufstellung der Grundsätze der neuen Zusammenarbeit.			
8. Beteiligung, Information und Training der Mitarbeiter.					6. Entwicklung von Kompetenzen; Training.			
9. Aufstellung der Grundsätze der neuen Zusammenarbeit.					7. Umsetzungs-, Test-, und Weiterentwicklungs-phase.			
10. Pilotprojekt testen.								
11. Konfrontation mit neuer Technologie.								
12. Umzug ins neue Büro.								

Quelle: Eigene Darstellung in Anlehnung an (Zimmermann, Thoma, Eyer, & Böniger, 2018) S. 222-223 und (Weiss & Gnesda, 2017) S.172-180.

7 Auswertung der Experteninterviews

Der Interviewleitfaden, auf dem sich auch das zur Auswertung verwendete Kategoriensystem stützt, umfasst vier Bereiche (siehe Anhang 2). Die Experten wurden befragt zu ihrem Begriffsverständnis von New Work, der empfohlenen Vorgehensweise inklusive der Erfolgsfaktoren, der relevanten Veränderungsgegenstände pro Veränderungsdimension sowie zu den Besonderheiten von Veränderungsprozessen für New Work. Die Darstellung der Ergebnisse der Experteninterviews erfolgt sortiert nach den Kategorien des Kodierungsleitfadens (siehe Anhang 7).[126]

Die Interviewten wurden dahingehend ausgesucht, ob sie sich mit dem Konzept von New Work auskennen und bereits Erfahrungen in der Umsetzung besitzen. Jeder der Experten begleitete entweder fokussiert oder flankierend einen Veränderungsprozess hinzu New Work und arbeitet selbst in einem fortschrittlichen New Work Unternehmen. Die Experten wurden anhand der Praxisbeispiele, die in der Quelle „Unternehmen der nächsten Generation" beschrieben sind, gefunden. Eine weiterführende Beschreibung der einzelnen Experten findet sich einleitend bei den Interviews im Anhang.

7.1 Begriffsverständnis von New Work

Bei dem Verständnis des Begriffs New Work sind sich die Experten einig, dass New Work keinesfalls nur eine optische Modeerscheinung in Form eines stilvollen Büros oder eines Kickers darstellt. Dementsprechend beschreibt Marie Koch, „(..) New Work bedeutet für Upstalsboom nicht der Hund oder der Kicker im Büro und wir machen hier jetzt einen auf New Work Spaces."[127] Vielmehr ist New Work für die Experten eine Frage der Unternehmenskultur, der Einstellung der Mitarbeiter und insbesondere ihre Haltung gegenüber der Umwelt.[128] „New Work ist für uns eine ganz klassische Haltungsfrage. Wie trittst du Menschen gegenüber und wie trittst du Problemen gegenüber. Das ist alles ein Haltungsthema.", so die Definition von Marie Koch.[129]

---

[126] Die Transkripte der Interviews finden sich im Anhang 3 bis 7. Die in den Fußnoten angegebene Seitenzahl bezieht sich auf den Anhang.

[127] Siehe (Koch, 2020) S.XXV, Z.13-15.

[128] Vgl. (Strobl, 2020) S.XXXIV, Z.4-5.

[129] Siehe (Koch, 2020) S.XXV, Z.15-17.

Manfred della Schiava versteht unter New Work, so zu arbeiten, dass es den eigenen Bedürfnissen entspricht, dass man dabei Spaß haben, glücklich und gesund sein sowie eigenverantwortlich handeln kann.[130]

Das Begriffsverständnis der Experten deckt sich mit den Aussagen der Theorie in der Definition vom Change Management für New Work. Die Experten bestätigten, dass „New Work im Minirock", also beispielsweise der Kickertisch, noch kein New Work bedeutet. New Work beschreibt eine umgewandelte Denk- und Sichtweise, welche auf die tieferen Bedürfnisse des Menschen abzielt.

7.2 Vorgehensweise und Erfolgsfaktoren

Zu den Fragen über eine erfolgreiche Vorgehensweise und Tipps zur Umsetzung von New Work Veränderungsprojekten, antworteten die Experten neben einer zeitlichen Abfolge des Vorgehens in Form von Phasen und Schritten auch mit notwendigen Erfolgsfaktoren des Veränderungsprozesses. Deshalb werden beide Kategorien verknüpft ausgewertet.

Die erste Phase ist nach Schiava die Orientierungsphase. Das Kernelement hierbei ist dem Unternehmen und seinen Mitarbeitern eine Orientierung zu geben, indem eine Vision beziehungsweise ein Zielbild definiert wird: „Die ersten vier W's, die ich den Leuten mitgebe ist immer: Warum wollen sie es tun, weshalb wollen sie es tun und wofür wollen sie es tun und wohin soll es führen?", so Schiava.[131]

Auch die anderen Experten sind der Meinung, dass es wichtig ist ein klares Bild vor Augen zu haben und die Vision einen wesentlichen Erfolgsfaktor für die Umsetzung von New Work darstellt. Dabei sollte die Vision für die Mitarbeiter sinnhaft, greifbar und erreichbar sein.[132] Marie Koch betont: „Den Weg wirst du finden, aber überleg dir, warum du das machst und den Weg überhaupt gehst."[133]

Ebenso ist zu Beginn des Projektes das Commitment der Geschäftsführung und der Führungskräfte von großer Bedeutung. Marlies Strobl hebt hervor, wie wichtig es ist, „(...) dass vor allem die Geschäftsführung und die Führungskräfte die Entscheidungen (..) oder das Gesamtkonzept mittragen."[134] Zusätzlich wurde auch die Rolle

---

[130] Vgl. (Schiava, 2020) S.XLII, Z.15-21.
[131] Siehe (Schiava, 2020) S.XLVIII, Z.10-12.
[132] Vgl. (Koch, 2020) S.XXVIII, Z.6-11.
[133] Siehe (Koch, 2020) S.XXVII, Z.18-19.
[134] Siehe (Strobl, 2020) S.XXXIV, Z.9-11.

der Führungskraft als Erfolgsfaktor einstimmig hervorgehoben. Schlagwörter hierbei waren „Führen auf Augenhöhe" und „Führen über Ziele".[135]

Laut der Befragten ist ein durchdachtes und detailreiches Transformationsdesign, besonders für eine gewisse Orientierung im Veränderungsprozess, erfolgskritisch. Mit Transformationsdesign oder auch „Change Roadmap" ist ein Plan für den Veränderungsprozess gemeint, der beschreibt welche Mittel verwendet werden, was wann getan werden soll, welche Gruppen zusammengeführt werden sowie welche Aktivitäten vorgesehen sind.[136]

Noch bevor ein erfolgsreiches Transformationsdesign erstellt werden kann, ist es notwendig, die Mitarbeiter und die Organisation näher zu betrachten und kennenzulernen. Denn erst, wenn die Bedürfnisse der Mitarbeiter bezüglich der Arbeitsform und –gestaltung bekannt sind, wird bewusst wie die Arbeitsumgebung dafür angepasst werden soll. Dann kann damit ein konkretes Zielbild aufgestellt werden.[137]

Der Unternehmensberater für New Work, Manfred della Schiava, bietet neben den anderen Experten einen differenzierten Ablauf eines Veränderungsprozesses für New Work. So folgt nach der Orientierungsphase eine Technologiephase, in der neue Technologien eingeführt werden, an welche sich die Mitarbeiter zunächst gewöhnen sollen. Die Einführung neuer Technologien verändert dann die Kommunikations- und Arbeitsmuster im Unternehmen. Ein wesentlicher Faktor hierbei ist die Einbindung der Führungskräfte. Sie müssen hier, laut Schiava, als Vorbilder vorangehen. In der nächsten Phase gilt es „reale online Kulturen" zu schaffen. Hierbei spricht Schiava von einer „Lern- und Verdauungsphase", in welcher die Organisation eine neue Form der Zusammenarbeit schafft. In dieser Phase wird reflektiert und analysiert, ob die neuen Arbeitsformen wirklich zur Organisation passen. Anschließend kann in der nächsten Phase der Wirkungsräume, die Dimension Places bearbeitet werden. Schiava spricht in dieser Phase auch davon, ein Activity Based Workplace einzuführen.[138] Abgeschlossen wird seine empfohlene Vorgehensweise mit der Phase „Perspektiven". Hierbei geht es darum, den ersten „Lernzyklus"

---

[135] Vgl. (Anonym, 2020) S. LVII, Z.20-26 und (Schiava, 2020) S.XLXI, Z.16-21.

[136] Vgl. (Schiava, 2020) S.XLIX-LI und (Koch, 2020), S.XXVII, Z.14.

[137] Vgl. (Strobl, 2020) S.XXXVII, Z.18-21 und (Koch, 2020) S.XXVIII, Z.19-20.

[138] Vgl. (Schiava, 2020) S.XLVIII Z.1-5.

beziehungsweise den ersten Transformationsprozess zu beenden und die Organisation auf den nächsten Zyklus vorzubereiten.[139]

Weitere einstimmig genannte Erfolgsfaktoren sind Partizipation und Kommunikation. Immer wieder wird von den Experten betont, wie essenziell es ist die Mitarbeiter an dem Veränderungsprozess zu beteiligen und wie wichtig eine „(…) transparente, offene, rechtzeitige, ehrliche Kommunikation mit den Mitarbeitern (…)"[140] ist.[141]

Ebenso erwähnten zwei der Befragten den Erfolgsfaktor Integration, also das Verknüpfen von noch unverbundenen Mitarbeitergruppen im Unternehmen. Die Experten erklären, wie wichtig es ist das Veränderungsprojekt ganzheitlich, also von verschiedenen Abteilungen im Unternehmen aus, zu bearbeiten.[142] „(…) nimm die Mitarbeiter mit. Und zwar querfeldein. (…) Hol dir alle mal ran und mach dir einen Querschnitt. Setz die Menschen zusammen. Weil dann entsteht halt etwas.", empfiehlt Koch.[143]

Zwei weitere Experten fügten hinzu, dass am Ende des Veränderungsprojektes eine Reflektionsphase sehr wichtig ist, in welcher die Veränderungsweise und die veränderten Aspekte hinterfragt und gegebenenfalls nachjustiert werden.[144]

Im Vergleich der genannten Erfolgsfaktoren für eine New Work Umsetzung, mit denen des Erfolgsfaktoren-Modells nach Lauer für klassische Veränderungsprozesse, sind keine bedeutsamen Unterschiede festzustellen.

7.3 Veränderungsgegenstände

Die Experten wurden danach befragt, welche Aspekte notwendig zu verändern sind, um das Leitbild von New Work im Unternehmen zu verankern. Das Veränderungskonzept mit den drei Veränderungsdimensionen People, Places und Tools, welches den Experten bereits bekannt war, wurde aufgegriffen. Daraufhin nannten die Interviewten Beispiele, wie die jeweilige Dimension bei Ihnen in der Organisation gestaltet worden ist oder generell gestaltet werden muss.

---

[139] Vgl. (Schiava, 2020) S.L-LII.
[140] Siehe (Anonym, 2020) S.LVIII, Z.20-21.
[141] Vgl. (Strobl, 2020) S.XXXVII, Z.3-14.
[142] Vgl. (Anonym, 2020) S.LIX, Z.8-21 und (Koch, 2020) S.XXVIII, Z.2-6.
[143] Siehe (Koch, 2020) S.XXVIII, Z.2-6.
[144] Vgl. (Stelzmann, 2020) S.XIX, Z.13-19 und (Strobl, 2020) S.XXXVII, Z.5-7.

Für die Dimension People formuliert die anonym Befragte ein übergeordnetes Ziel. Nach ihr ist hierbei das Hauptkriterium, einen „absolut mündigen Mitarbeiter" zu schaffen, der seine Arbeitsumgebung und -inhalte eigenständig managet.[145] Dafür braucht es ein Empowerment der Mitarbeiter, damit diese lernen Eigenverantwortung im Unternehmen zu übernehmen. Und damit einhergehend braucht es eine veränderte Rolle der Führungskraft. Die Experten betonen hier eine Führung auf Vertrauensbasis und eine Führung über Ziele, die von den Mitarbeitern selbstständig verfolgt werden sollen, statt einer Führung durch Kontrolle.[146] Genauso fiel das Schlagwort „Führen auf Augenhöhe", welches einen partizipativen Ansatz verfolgt und somit auch das Empowerment der Mitarbeiter umfasst.[147]

Ebenfalls hervorgehoben wird ein Strukturkonzept für die Mitarbeiter. Marie Koch vergleicht dieses mit einer Straßenverkehrsordnung. Mit dem Strukturkonzept wird den Mitarbeiter deutlich, welche Grenzen in Form von roten Ampeln und welche Regeln, wie Rechts vor Links im Unternehmen gelten. Das Strukturkonzept legt Guidelines und Spielregeln der Organisation fest und erlaubt dennoch jedem persönlich zu entscheiden, wie er von A nach B gelangt. Für Marie Koch braucht New Work viel Freiheit, viel Vertrauen und viel Struktur[148], denn, so betont sie, „es kommt immer auf das rechte Maß an. Auch bei Freiheit braucht es etwas zum Festhalten (...)."[149]

Zur Veränderungsdimension der Places definiert Schiava das Büro der Zukunft wie folgt: „(...) ein Ort, auch ein virtueller Ort, an dem es für unterschiedliche Tätigkeiten und Aufgaben auch unterschiedliche Bereiche gibt und nicht mehr nur einen fixen Arbeitsort".[150] Dem stimmen auch die anderen Experten zu. Alle von ihnen arbeiten oder empfehlen ein offenes Großraumbüro mit gewissen Unterteilungen, in welchem die Mitarbeiter sich ihren Arbeitsplatz bedürfnisorientiert aussuchen. Ganz nach dem Prinzip des Activity Based Workplace.[151] Außerdem betont Schiava:

---

[145] Vgl. (Anonym, 2020) S.LXII, Z.12-17.

[146] Vgl. (Stelzmann, 2020) S.XVIII, Z.3-4 und (Strobl, 2020) S.XXXIX, Z.4-11.

[147] Vgl. (Schiava, 2020) S.LI, Z.18-20.

[148] Vgl. (Koch, 2020) S.XXIX-XXXI und (Strobl, 2020) S.XXXVI, Z.14-20.

[149] Siehe (Koch, 2020) S.XXX, Z.15-16.

[150] Siehe (Schiava, 2020) S.XLVIII, Z.1-3.

[151] Vgl. (Koch, 2020) S.XXXI, Z.12-16 und (Schiava, 2020) S.XLVII-XLVIII sowie (Anonym, 2020) S.LXII-LXIII.

„Das Büro muss einfach zur Unternehmenskultur passen und die Mitarbeiter darin optimal in ihren Arbeitsweisen unterstützen."[152]

Bezüglich der Tools nannten die Experten diverse Kollaboration-Softwares. Diese haben gemeinsam, dass Mitarbeiter von überall aus auf Dokumente zugreifen und übergreifend bearbeiten können. Diese verfügen darüber hinaus auch über eine Chat-Funktion und ermöglichen eine schnelle informelle Kommunikation. Eine gewisse technische Grundausstattung wurde ebenfalls von den Experten erwähnt. Folglich ist die Ausstattung der Mitarbeiter mit Laptops und Smartphones sowie genannten Kollaboration-Softwares für das mobile Arbeiten elementar.[153]

7.3.1 Ganzheitliches Veränderungskonzept

Auf die Frage, inwiefern ein ganzheitliches Vorgehen, welches alle drei Veränderungsdimensionen umfasst, erfolgskritisch für eine Umsetzung von New Work ist, stimmten die Befragten dem ganzheitlichen Veränderungskonzept einstimmig zu.

Hervorgehoben wurde die enge Verknüpfung der drei Veränderungsdimensionen. Demnach würde das schönste Büro und die beste Technologie nichts bringen, wenn die Mitarbeiter der Organisation nicht eingebunden werden würden und umgekehrt müssten Place und Tools zur Arbeitsweise der Mitarbeiter passen.[154] Auch Marie Koch stützt die These: „Ich glaube, du kannst es probieren, es voneinander zu trennen, aber dann wirst du scheitern."[155] Aus ihrer Erfahrung heraus ist es dennoch möglich New Work in der Unternehmenskultur zu leben, auch wenn die Dimension Place wenig ausgebaut ist. Als Beispiel verglich sie ihre Organisation mit der der Otto GmbH. So entstand bei Otto der Drang zur Veränderung durch die technologische Dimension und forderte anschließend eine Veränderung der Unternehmenskultur. Bei Upstalsboom, so Marie Koch, war ein Wandel der Unternehmenskultur notwendig und anschließend wurde ein Wandel der Tools gefordert.[156]

Passend dazu erklärt Schiava eine Regel im Change Management: „If you want to change the system, change the work."[157] Damit meint er, dass sobald die Arbeitsweise, zum Beispiel durch neue Tools, verändert wird, sich bereits ebenso die

---

[152] Siehe (Schiava, 2020) S.LII, Z.3-5.

[153] Vgl. (Anonym, 2020) S.LXIII-LXIV und (Schiava, 2020), S.LII, Z.10-11 sowie (Strobl, 2020) S.XL, Z.10-16.

[154] Vgl. (Strobl, 2020) S.XXXVIII, Z.17-22.

[155] Siehe (Koch, 2020) S.XXXII, Z.12-13.

[156] Vgl. (Koch, 2020) S.XXXII, Z.2-8.

[157] Siehe (Schiava, 2020) S.XLIX, Z.6-7.

Kultur verändert. Somit weisen die Veränderungsdimensionen eine starke Abhängigkeit voneinander auf.[158]

Schiava ergänzt zu den drei Veränderungsdimensionen noch die zwei weiteren Bereiche „System" und „Struktur". Er betont, dass die Gliederung „People, Places, Tools" zu wenig sei und ebenso das Gesamtsystem der Organisation sowie das Gesamtsystem im Ökosystem betrachtet werden müsse. Demnach sei alleine die Frage nach den geeigneten Tools für die Organisation abhängig von der internen Struktur des Unternehmens sowie dessen Umfeld.[159]

7.4 Besonderheiten von New Work

Die erste Besonderheit, welche vier der Experten erwähnten, ist, dass New Work Veränderungsprojekte für jedes Unternehmen individuell ausfallen. Demnach gibt es für New Work kein Rezept.[160] Marie Koch formuliert es wie folgt: „Change Management für New Work ist quasi ein eigenes in sich geschlossenes System für jedes Unternehmen, für jeden Bereich, für jedes Team."[161] Ebenso formuliert es Markus Stelzmann: „Die New Work Blaupause gibt es nicht. Create your own organisation.".[162] Er betont, dass es für das Unternehmen wichtig ist zu wissen, wer man in Zukunft sein möchte und wie man sich dafür ausrichten sollte.[163]

Zur Beantwortung dieser Frage braucht New Work Bauchgefühl, denn New Work basiert auf den Menschen, im Unternehmen.[164] Dieser Besonderheit stimmten auch die übrigen Experten zu: „Der Mensch ist im Mittelpunkt und bleibt im Mittelpunkt."[165] Erst sobald man die Mitarbeiter und ihre Bedürfnisse kennt, wird bewusst welche Anforderungen und Ziele mit New Work verfolgt werden sollen.[166] Das macht eine Verallgemeinerung für das Vorgehen von New Work Veränderungsprojekten schwierig.[167]

---

[158] Vgl. (Schiava, 2020) S.XLIX, Z.5-19.
[159] Vgl. (Schiava, 2020) S.XLIV, XLII und S.LII.
[160] Vgl. (Koch, 2020) S.XXVI-XXVII.
[161] Siehe (Koch, 2020) S.XXVII, Z.1-3.
[162] Siehe (Stelzmann, 2020) S.XVI, Z.9-10.
[163] Vgl. (Stelzmann, 2020) S.XVI, Z.7-11.
[164] Vgl. (Koch, 2020) S.XXVII, Z.7-15.
[165] Siehe (Schiava, 2020) S.XLIII, Z.22.
[166] Vgl. (Strobl, 2020) S.XXXVII, Z.18-21.
[167] Vgl. (Koch, 2020) S.XXVII, Z.6-7.

Dennoch formuliert Marie Koch eine treffende, kurze und in diesen Aspekten allgemeingültige Vorgehensweise für New Work:

1. „1. Schau dir an welche Menschen du hast,
2. nimm dir ein Gerüst, aber sei dir klar, dass du es umbauen wirst und muss und,
3. finde bevor du so einen Change-Prozess machst für alle Menschen erstmal einen Platz und finde heraus wo du hinmöchtest."[168]

Schiava ist der Meinung, dass es im Change Management für New Work im Vergleich zum traditionellen Change Management keine signifikanten Unterschiede bezüglich der Vorgehensweise gibt. Wenn Veränderungsprozesse in der Vergangenheit richtig gemacht wurden, dann hätten diese ebenfalls ein ganzheitliches Veränderungskonzept verwendet. So wurden erfolgreiche Veränderungsprojekte in der Vergangenheit durchgeführt, wie sie jetzt für New Work durchgeführt werden. Schiava warnt, dass Probleme dann auftreten, wenn es keine ganzheitliche Betrachtung gibt und einseitig gehandelt wird. Dies sei unabhängig davon, ob es sich um die Einführung von New Work handelt oder um andere Veränderungsprojekte.[169]

Eine weitere Besonderheit, die aus den Interviews hervorging, ist, dass New Work ein Transformationsprozess sei und Change Management für New Work daher ein falscher Ansatz ist. Daher bedeutet Change Management bei Upstalsboom „Entwicklungsführung", weil, so betont es Marie Koch, „(...) sowohl Change als auch Management bei New Work für uns ein Widerspruch ist."[170] Der Widerspruch ist darin begründet, dass der Begriff „Change" eine einmalige Veränderung mit einem Anfang und einem Ende meint. Der Begriff Transformation beschreibt jedoch einen Prozess, der einmal angestoßen nicht mehr zum Stillstand kommt. Umso wichtiger ist es dabei den Wandel nachhaltig zu gestalten und der Organisation die Fähigkeit zu geben zu lernen und sich immer wieder neu anzupassen.[171]

---

[168] Siehe (Koch, 2020) S.XXVII, Z.13-16.
[169] Vgl. (Schiava, 2020) S.L, Z.10-27.
[170] Siehe (Koch, 2020) S.XXVII, Z.11-13.
[171] Vgl. (Stelzmann, 2020) S.XIX, Z.5-14.

8 Ergebnis

Um die eingangs aufgestellten Forschungsfragen zu beantworten werden die Inhalte der Arbeit abschließend miteinander verknüpft und so die Ergebnisse abgeleitet.

Die wesentlichen Veränderungsgegenstände bei einer New Work Umsetzung sind
das Empowerment der Mitarbeiter, die veränderte Rolle der Führungskraft sowie
eine Vertrauenskultur. Um New Work im Unternehmen zu verankern braucht es
eine Unternehmenskultur, welche ein positives Menschenbild in sich trägt, den Fä-
higkeiten und der Leistungsbereitschaft der Mitarbeiter vertraut und so auf eine
Ergebniskultur statt auf Präsenz und Kontrolle setzt. Die Veränderungsaspekte in
den Veränderungsdimensionen Places und Tools unterstützen die Organisation in
ihrer neuen Arbeitsweise und intensivieren diese. Dabei ist vor allem der Activity
Based Workplace ein Konzept, welches eine starke Symbiose der drei Dimensionen
darstellt und die Mitarbeiter in ihrer neuen Arbeitswelt stark unterstützt.

Doch New Work, wie in den Interviews und der Definition herausgearbeitet, ist
eine Haltungssache und Denkweise und basiert daher auf den Menschen in der Organisation. Es ist die veränderte Sichtweise auf den Menschen in der Arbeitswelt,
also die neue Haltung gegenüber den Mitarbeitern, welche die Ziele von New Work,
wie beispielweise die Steigerung der Arbeitgeberattraktivität, der Produktivität sowie der Agilität und der Innovationfähigkeit, realisiert. So ist die Veränderungsdimension People ausschlaggebend dafür, ob das Leitbild von New Work in seiner
bergmannschen Wurzel etabliert wird und Werte wie Selbstverwirklichung, Sinnhaftigkeit, Sozialität und Selbstbestimmung im Unternehmen verankert werden.

Dennoch sind die Dimensionen stark miteinander verknüpft. Wie durch die Auswertung der Experteninterviews und der Literatur festgestellt wurde, kann nur ein
gesamtheitliches Vorgehen, welches alle drei Dimensionen erfasst, für eine New
Work Umsetzung erfolgreich sein. Ein getrenntes Verfahren ist nach den Experten
nicht einmal möglich, da es scheitern würde und da das Verändern einer Dimension, eine Veränderung der anderen Dimensionen nach sich zieht. So beeinflusst
beispielsweise eine neu eingeführte Technologie die Kommunikations- und Arbeitsmuster der Organisation und fordert damit eine Veränderung in der Dimension People. Dahingehend ist es im Veränderungsprozess für New Work wichtig
darauf zu achten, dass sich alle drei Veränderungsdimensionen stimmig zu einander verhalten und die Veränderung der Dimensionen in Phasen zu untergliedern.
Wie am Beispiel der ERSTE Bank wurden die Dimensionen in der Vorbereitungs-

phase intensiv aufeinander abgestimmt und in der Umsetzungsphase nacheinander bearbeitet. Genauso schlägt Schiava vor, die Dimensionen nacheinander zu bearbeiten und für die Mitarbeiter eine Verdauungsphase zwischen zu schalten, in der sie sich an die neuen Umstände gewöhnen können. Damit wird die Veränderungskurve flach gehalten und eine Überlastung der Mitarbeiter vermieden.

Weiterhin lässt sich zum Change Management für New Work festhalten, dass es in der Vorgehensweise kaum signifikanten Unterschiede zum klassischen Change Management gibt. Dies lässt sich durch den Vergleich der praxisbewährten Phasenmodelle für klassische Veränderungsprojekte und dem Ablauf der New Work Veränderungsprojekte in der Praxis ableiten. Hierbei sind Parallelen im Ablauf der Praxis und in den Phasen der Theorie zu erkennen. Ebenfalls kamen die selben Erfolgsfaktoren zur Anwendung, wie Lauer es in seinem Erfolgsfaktoren-Modell für klassische Change-Vorhaben beschrieb. Auch die Auswertung der Experteninterviews stützt die Aussage, dass ein Veränderungsprozess für New Work ähnlich zu gestalten ist, wie ein klassischer Veränderungsprozess. Demnach nannten die Experten unteranderem dieselben notwendigen Erfolgsfaktoren für die Umsetzung von New Work, wie sie ebenfalls von Lauer im Modell beschrieben worden sind. Besonders der Experte Manfred della Schiava hob hervor, dass erfolgreiche Veränderungsprojekte in der Vergangenheit auf sehr ähnliche Art und Weise durchgeführt wurden, wie Veränderungsprojekte nun für New Work durchgeführt werden. Ein nennenswerter Unterschied in der Vorgehensweise, der durch den beschriebenen Vergleich sowie durch den Einbezug des „NGE Transformation Frameworks" abgeleitet werden kann, ist die Experimentier- und Testphase. Diese Testphase taucht im Ablauf der Praxisbeispiele sowie im „NGE Transformation Framework" auf. Die Phase ist hervorzuheben, weil, wie durch die Auswertung der Interviews festgestellt werden konnte, es kein allgemeingültiges Rezept für New Work gibt. Die Experten betonten, dass es für New Work keine Blaupausen gibt und jede Organisation ihren eigenen Weg zu New Work finden muss. Dahingehend ist eine vorgeschaltete Testphase für New Work von großem Wert. Das Unternehmen kann somit Lernerfahrungen für die Umsetzung sammeln und herausfinden, welche New Work Konzepte für die Organisation geeignet ist. Genauso ist der große visionäre Charakter von New Work Initiativen zu berücksichtigen. Ein klares Zielbild ist unabdingbar für einen erfolgreichen Wandel, insbesondere bei individuellen Veränderungsprojekten, wie für New Work. Des Weiteren ist gerade aufgrund der fehlenden Orientierung eine detaillierte Vorbereitungsphase und ein durchdachtes Transformationsdesign wichtig. Dafür empfiehlt es sich, wie in den

Praxisbeispielen, eine umfangreiche Sichtung von Referenzprojekten durchzuführen, um einerseits Orientierung und andererseits Inspiration zu sammeln.

Ein New Work Veränderungsprojekt kann unter Berücksichtigung der eben beschriebenen Besonderheiten durch Vorgehensweisen aus dem klassischen Change Management erfolgreich umgesetzt werden. Doch wird ein Change Management Ansatz der Umsetzung von New Work nicht vollkommen gerecht. In den Experteninterviews wurde New Work als Transformation beschrieben und weniger als Change-Vorhaben. Interessant ist ebenfalls die Benutzung des Wortes „Transformation" zur Beschreibung einer New Work Umsetzung in den beiden Praxisbeispielen sowie im NGE Transformation Framework. Der Unterschied zwischen Change Management und Transformations-Management ist, dass der Fokus nicht auf einem konkreten Vorhaben, sondern eher auf einem Portfolio von sich gegenseitig beeinflussenden Initiativen liegt. Im Change Management geht es darum, eine konkrete Veränderung im Unternehmen umzusetzen und bei der Transformation geht es um die Neuerfindung des Unternehmens, basierend auf einer Vision der Zukunft.[172] Eine New Work Umwandlung verändert das Unternehmen in allen Bereichen. Nicht nur die Veränderungsdimensionen People, Places und Tools werden verändert, sondern damit einhergehend jede Abteilung, jedes Team und somit das gesamte Unternehmen. New Work ist, wie bereits erwähnt, eine Haltungssache und bestimmt wie die Organisation dem Menschen entgegentritt und Probleme löst. Die Haltung und Denkweise einer Organisation zu ändern kommt einer Neuerfindung gleich.

Auch wurde in den Interviews herausgearbeitet, dass der Begriff „Change" eine einmalige Veränderung mit einem Anfang und Ende definiert, während die Transformation einen Prozess darstellt, der einmal angestoßen langfristig andauert. Somit sind auch die gesellschaftlichen Treiber von New Work (demografischer Wandel, Digitalisierung, Wertewandel und Globalisierung) von transformatorischer Natur. Diese stellen die Unternehmen langfristig vor immer wieder neue Heraus- und Anforderungen. Somit kann geschlussfolgert werden, dass auch der Wandel zu New Work selbst eine Transformation darstellen sollte, um die Anforderungen der sich verändernden Welt nachhaltig erfüllen zu können.

Für den Erfolg der Umsetzung von New Work kann, je nach Komplexitätsgrad der Veränderung, eine Differenzierung zwischen Change-Projekt und Transformation sinnvoll sein. Der Komplexitätsgrad von New Work ist höher als bei klassischen

---

[172] Vgl. (Blase, kein Datum).

Change-Vorhaben, weil New Work umfangreich und unternehmensindividuell ist und stark auf den tiefen Bedürfnissen der Mitarbeiter basiert. Ob New Work einen übergeordneten Rahmen benötigt, welcher eher im Transformations-Management statt im Change Management gegeben wäre, kann diese Arbeit nicht abschließend beantworten. Hierbei bedarf es weiterer Forschung. Doch eins wird deutlich: New Work ist eng mit der Zukunft verknüpft. Bei einer bloßen Anpassung an die gegenwärtigen Anforderungen und das Bewerkstelligen aktueller Herausforderungen kann die Zukunft nicht erreicht werden. Anders ist es möglicherweise bei einer Weiterentwicklung beziehungsweise bei einer Transformation. Um es in den Worten von Tanmay Vora, dem Direktor von Forschung und Entwicklung von BASWA in Indien, wiederzugeben und damit diese Arbeit abzuschließen: „Change fixes the past, transformation creates the future."[173]

---

[173] Siehe (Blase, kein Datum).

Literaturverzeichnis

Bartz, M., & Schmutzer, T. (2014). New World of Work: Warum kein Stein auf dem anderen bleibt. HMP Beratungs GmbH.

Bartz, M., Gnesda, A., & Schmutzer, T. (2017). Unternehmen der nächsten Generation: Atlas des neuen Arbeitens. Berlin: Springer Gabler.

Bergmann, F. (2004). Neue Arbeit, Neue Kultur. Freiburg: Arbor Verlag.

Blase, N. (kein Datum). Change Management vs. Business Transformation. Von https://www.niklausblaserinside.ch/change-management-vs.-business-transformation.html zuletzt abgerufen am 16.04.20.

Bundesministerium für Arbeit und Soziales. (2017). Weiss Buch: Arbeiten 4.0. Berlin: Bundesministerium für Arbeit und Soziales.

Creusen, U., & Gall, B. H. (2017). Digital Leadership: Führung in Zeiten des digitalen Wandels. Wiesbaden: Springer Gabler Fachmedien.

Elmiger, M., & Pistauer, C. (2017). Johnson & Johnson: Better by Data - Workplace Innovation Studie,. In Bartz M., Gnesda A., & Schmutzer T., Unternehmen der nächsten Generation: Atlas des neuen Arbeitens. (S. 257-276). Berlin: Springer Gabler.

Fischer, G., & Laggner, C. (2017). IMB: Kultur(R)evolution flexibles Arbeiten. In Bartz M., Gnesda A., & Schmutzer T., Unternehmen der nächsten Generation: Atlas des neuen Arbeitens. (S. 243-256). Berlin: Springer Gabler.

Gensler Research Institute. (2019). U.S. Workplace Survey. Von https://www.gensler.com/uploads/document/614/file/Gensler-US-Workplace-Survey-2019.pdf zuletzt abgerufen am 16.04.20.

Gnesda, A., & Bleyer, M. (2018). Praxisbericht: Kapsch CarrierCom: neue Welt des Arbeitens. In Wörwag S., & Cloots A., Zukunft der Arbeit - Perspektive Mensch: Aktuelle Forschungserkenntnisse und Good Practices (S. 333-340). Wiesbaden: Springer Gabler Fachmedien.

Grolman, F. (kein Datum). Organisationsberatung.net. Von https://organisationsberatung.net/kulturwandel-kulturveraenderung-unternehmenskultur-veraendern/ zuletzt abgerufen am 16.04.20.

Hackl, B., Wagner, M., Attmer, L., & Baumann, D. (2017). New Work: Auf dem Weg zur neuen Arbeitswelt. Wiesbaden: Springer Gabler Fachmedien.

IDG Research Services. (2018). Studie Arbeitsplatz der Zukunft 2018. München: IDG Business Media GmbH. Von https://www.arbeitsplatzderzukunft.de/ zuletzt abgerufen am 16.04.20.

Klaffke, M. (2016). Arbeitsplatz der Zukunft: Gestaltungsansätze und Good-Practice-Beispiele. Berlin: Springer Gabler.

Klaffke, M. (Januar/Februar 2017). Neue Arbeitswelten erfolgreich einführen. Changement Magazin, S. 1-17.

Kotter, P. J. (2011). Leading Change: Wie Sie ihr Unternehmen in acht Schritten erfolgreich verändern. München: Franz Vahlen.

Kreutzer, R. T. (2018). Führungs- und Organisationskonzepte im digitalen Zeitalter kompakt: Agilität erreichen, Prozesse beschleunigen, Change-Management implementieren. Berlin: Springer Gabler.

Krüger, W., & Bach, N. (2014). Excellence in Change: Wege zur strategischen Erneuerung. (5. Auflage). Wiesbaden: Springer Gabler Fachmedien.

Lauer, T. (2019). Change Management: Grundlagen und Erfolgsfaktoren. (3. Auflage). Berlin: Springer Gabler.

Lutze, M., Schaller, P. D., & Wüthrich, A. H. (Juni 2019). New Work: Zurück in die Zukunft der Motivation. Zeitschrift Führung + Organisation (ZfO), Heftnummer 6, S. 356-361.

Plerre Audoln Consultants; Hays AG. (2015). Von starren Prozessen zu agilen Projekten: Unternehmen in der digitalen Transformation. Ettlingen: Kraft Druck GmbH.

Rump, J., & Eilers, S. (2017). Auf dem Weg zur Arbeit 4.0: Innovationen in HR. Berlin: Springer Gabler.

Schermuly, C. C. (14. 10 2016). Human Resources Manager. Von https://www.humanresourcesmanager.de/news/bitte-nicht-ohne-psychologisches-empowerment.html zuletzt abgerufen am 16.04.20.

Schermuly, C. C. (28. 05 2019). Arbeiten in dynamischen Netzwerken. Von https://www.haufe.de/personal/hr-management/new-work-moderne-formen-der-arbeitsgestaltung/new-work-arbeiten-in-dynamischen-netzwerken_80_406700.html zuletzt abgerufen am 16.04.20.

Schermuly, C. C. (April 2019). New Work und Coaching: psychologisches Empowerment als Chance für Coaches. Organisationsberatung, Supervision, Coaching, S. 173-192.

Schnell, N., & Schnell, A. (2019). New Work Hacks: 50 Insprirationen für modernes und innovatives Arbeiten. Wiesbaden: Springer Gabler Fachmedien.

Spath, D., Bauer, W., & Ganz, W. (2013). Arbeit der Zukunft: Wie wir sie verändern. Wie sie uns verändert. (F.-I. f. IAO, Hrsg.) Stuttgart: IRB Mediendienstleistung; Frauenhofer-Informationszentrum Raum und Bau IRB.

Vollmer, J. (07.03.2019). New-Work-Urvater Frithjof Bergmann: Der alte Mann und das Mehr. Von www.t3n.de/magazin/new-work-urvater-frithjof-bergmann-alte-mann-mehr-247621/ zuletzt abgerufen am 16.04.20.

Warzecha, E., & Breyscha, W. (2017). Kapsch CarrierCom:Freiraum für innovative Leistungen und Ideen im neuen "Open Office". In Bartz M., Gnesda A., & Schmutzer T., Unternehmen der nächsten Generation: Atlas des neuen Arbeitens (S. 277-287). Berlin: Springer Gabler.

Weiss, P., & Gnesda, A. (2017). ERSTE Bank: Der ERSTE Campus - Der neue Zusammenarbeitsplatz. In Bartz M., Gnesda A., & Schmutzer T., Unternehmen der nächsten Generation: Atlas des neuen Arbeitens. (S. 171-184). Berlin: Springer Gabler.

Werther, S., & Bruckner, L. (2019). Arbeit 4.0 aktiv gestalten: Die Zukunft der Arbeit zwischen Agilität, People Analytics und Digitalisierung. Berlin: Springer Verlag.

Zelesniack, E., & Grolman, F. (kein Datum). Die besten Change Management-Modelle im Vergleich. Von https://organisationsberatung.net/change-management-modelle-im-vergleich/ zuletzt abgerufen am 16.04.20.

Zimmermann, R., Thoma, S., Eyer, A., & Böniger, A. (2018). Praxisbericht: New Work bei CYP. In Wörwag S., & Cloots A., Zukunft der Arbeit - Perspektive Mensch: Aktuelle Forschungserkenntnisse und Good Practices (S. 217-226). Wiesbaden: Springer Gabler Fachmedien.

Anhang

Anhang 1: Raummodule im Überblick

OPEN SPACE
Arbeit kann sowohl Konzentration als auch Kommunikation erfordern. Ziel ist es, eine angenehme Arbeitsatmosphäre zu schaffen, in der mehrere Mitarbeiter an ihren eigenen Aufgaben arbeiten können.

THINK TANK
Der Think Tank eignet sich für Telefonkonferenzen, vertrauliche Telefongespräche oder kurze, hochkonzentrierte Einzelarbeit. Hier können sich Mitarbeiter aus den Open Spaces zurückziehen und Gespräche ungestört durchführen.

RÜCKZUGSRAUM
Ein Raum für alle, die einfach abschalten möchten und Ruhe sowie Inspiration für kreatives Denken suchen. Dieser Raum kommt ganz ohne Technik aus. Das Thema Gestaltung steht im Vordergrund. Alleine der Geruch nach Holz oder ein Blick ins Grüne können den Besucher an einen anderen Ort versetzen.

CREATIVE SPACE
Der Creative Space ist ein Ort, um den Gedanken freien Lauf zu lassen oder eine ‚Design Thinking Session' durchzuführen. Die Wände sind beschreib- oder bepinnbar und machen so agiles Arbeiten möglich!

MEETINGRAUM
Es wird auch weiterhin den ‚klassischen' Meetingraum mit Konferenztisch, Beamer und Leinwand geben.

Quelle: Hackl Benedikt, 2017, S.137.

Anhang 2: Interviewleitfaden

Teilstandardisiertes Leitfadeninterview zum Thema

„Change Management für New Work"

Einführung:

Ziel meiner Arbeit ist es herauszustellen, wie ein Unternehmen erfolgreich New Work implementieren kann und welche konkreten Aspekte dafür verändert werden müssen. Kurz gesagt dreht es sich um die Veränderungsgegenstände und der Veränderungsweise für eine erfolgreiche New Work Umsetzung.

Einleitende Fragen:

1. Was verstehen Sie unter New Work und welche Erfahrungen haben Sie damit schon gesammelt?
2. Welche Besonderheiten beobachteten Sie in bisherigen Veränderungsprozessen zu New Work und auf was sollte dabei besonders geachtet werden?
3. Auf welche Besonderheiten trifft Ihrer Meinung nach das Change Management bei New Work?

Frageblock 1: Zur Veränderungsweise

1. Durch welche Vorangehensweise erzielten Sie Erfolge bei der Einführung von New Work?
2. Inwiefern ist es möglich, einen New Work Veränderungsprozess in verschiedene Phasen aufzuteilen? Wie würden sich die Phasen charakterisieren lassen und was wäre je Phase zu beachten?
3. Wie sollte die Umsetzung von New Work idealerweise, Schritt für Schritt, gestaltet werden?
4. Angenommen ich stünde vor der Herausforderung New Work in einem Unternehmen zu etablieren, welche „goldene Regeln" würden Sie mir auf dem Weg geben?

Frageblock 2: Zu den Veränderungsgegenständen

Wie bereits erwähnt ist ebenso Ziel meiner Arbeit, erfolgskritische Aspekte zu beleuchten, welche zu verändern notwendig sind, um New Work im Unternehmen zu etablieren. In der Fachliteratur zu New Work, fand ich die drei Veränderungsdimensionen „People, Places, Tools". Dabei wurde die Dimension „People" als am bedeutsamsten für einen Wandel hin zu New Work bewertet, während die Dimensionen „Places" und „Tools" unterstützend wirken, jedoch ebenfalls notwendig für den

Erfolg des Veränderungsvorhabens sind. Da, laut der Theorie, nur ein ganzheitliches Vorgehen, welches alle drei Veränderungsdimensionen miteinschließt, erfolgreich sein kann.

1. Welche Erfahrungen haben Sie mit den jeweiligen Veränderungsdimensionen gesammelt und was halten Sie von dem Ansatz eines ganzheitlichen Vorgehens?

2. Auf welche Aspekte in der Dimension People sollte verstärkt Fokus gelegt werden und inwiefern sollten sich diese Aspekte wandeln?

3. Welche Aspekte in der Dimension Places sollten verändert werden, um das Leitbild von New Work bei seiner Implementierung zu unterstützen?

4. Welche Aspekte der Dimension Tools tragen zu einer Implementierung von New Work bei?

Anhang 3: Interview 1 mit Markus Stelzmann am 09.03.20

Markus Stelzmann ist Geschäftsführer bei der TELE Hasse und Unternehmensgründer der ersten Stunde. 2011 zog er von Deutschland nach Wien, um bei der TELE Haase Group, als Consultant für Change Management, die Transformation zum Unternehmen der nächsten Generation zu gestalten. Seit 2013 ist er im Vorstand von TELE und federführender Co-Gestalter bei der Entwicklung des „Unternehmens der Zukunft".

Alle Interviews wurden per Zoom durchgeführt und die Interviewten wurden darüber vorweg aufgeklärt, dass das Interview aufgenommen wird.

Zu Beginn des Gesprächs gab es zunächst etwas Small Talk, um die Gesprächssituation etwas einzuleiten und anschließend eine Erläuterung und Einleitung des Themas. Herr Stelzmann antwortete sehr umschwänglich und ausschweifend auf die Fragen und schweifte oftmals vom Kern der Fragen ab. An manchen Stellen wird daher die Transkription gestoppt und zu weit geführte Erzählungen durch Kommentare verkürzt. Das aufgezeichnete Interview begann mit der folgenden ersten Frage:

Kevin Lais: Markus, was verstehst du unter New Work und welche Erfahrungen hast du damit schon gesammelt?

Markus Stelzmann: New Work ist eine Bewegung und ich glaube New Work bedeutet einfach, in den Zeiten ist es nichts Neues was wir jetzt tun, was früher schon funktioniert hat, was durch diesen Taylorismus, durch diese willenlose Ausrichtung nach Geld und ich sag einfach mal was notwendig war in diesen stark wachsenden Märkten. Ich will es nicht mal als schlecht reden, aber wir hatten vorher schon achtsame Arbeit und Resilienz, wir hatten vorher das alles und ich glaube unter diesen New Work Begriff kommt es einfach wieder hoch und es ist jetzt einfach nur aus dem Fokus gewesen und ich glaube jetzt in Zeiten von Corona, Globalisierung und auch dem Thema Management von Komplexität und Unsicherheit brauchen wir das wieder. Und ich glaube, dass es nicht nur eine unternehmerische Aufgabe ist, es ist auch eine gesellschaftliche Aufgabe. Man soll sich die Frage stellen, was für eine Gesellschaft und was für ein Unternehmen wollen wir in Zukunft sein. Da gibt es auch diverse Möglichkeiten. Und ich glaube es ist auch, ich mache die Antwort immer gleich so flächendecken. Ich glaube für New Work an sich gibt es keine Blaupause. Und deshalb tun sich Unternehmen jetzt auch so schwer, die nach Blaupausen suchen. Die New Work Blaupause gibt es nicht. „Create your own organisation". Überleg dir einfach mal, wer willst du in der Zukunft sein, was brauchst du in der Zukunft und wie muss du dich dafür ausrichten. Ich glaube aus dieser Monokultur des Wirtschaftens, die wir zurzeit noch haben, kommen wir derzeit in eine Übergangsphase. Du siehst es bei Corona und den anderen wirtschaftlichen Krisen. Da wird aus alt nochmal neu gemacht. Ich glaube das es einfach zu einem bewussten Wirtschaften hinführt. Und ich möchte da gar nicht so sozial romantisch erscheinen. Aber einfach wieder Bewusstsein dafür im Unternehmen zu haben und zu sagen okay was sind die KPI's der Zukunft. Und aber auch der Mensch, und eigentlich muss das ein Bildungssystem tun, und das müssen die Firmen jetzt auch noch gewährleisten. Sie müssen den Mitarbeitern auch wieder dieses Rückgrat reinpumpen zu sagen: „Sag mir wer du bist, was verstehst du und was verstehst du nicht". Und so wird dann auch jeder Mitarbeiter später in alle möglichen Unternehmen von hierarchisch bis basisdemokratisch den richtigen Platz für sich finden können.

Kevin Lais: Okay, und welche Erfahrungen hast du jetzt schon in der Umsetzung von New Work gesammelt?

Markus Stelzmann: Ja, also wir machen das ja seit sieben Jahren relativ konsequent bei der TELE, also Erfahrungen haben wir schon gesammelt, wir haben auch relativ viele Fehler gemacht und sind jetzt gerade beim siebten, beim verflixten siebten Jahr dabei zu überarbeiten, weil es verändert sich a) Umfeld, die Mitarbeiter im Unternehmen, die Themen verändern sich. Und was vielleicht eines der wichtigsten Dinge ist in der Zukunft, ist Unternehmen und Menschen auszurichten und zu sagen... und dieses macht uns wahrscheinlich auch die meisten Sorgen, dieses offen sein, diese Veränderung erstmal zu begrüßen. Sich es bewusstmachen und offen auf die Zukunft zu gehen und das haben wir heute einfach verlernt. (An der Stelle schweift Herr Stelzmann ab und erzählt über das politische System).

Kevin Lais: Du hast selber die New Work Transformation der TELE begleitet und Erfahrungen und Erkenntnisse zur Vorgehensweise gesammelt. Welche Besonderheiten sind dir bei diesem New Work Veränderungsprojekt aufgefallen?

Markus Stelzmann: Das, wenn sich ein Unternehmen mal dazu beschließt, sprich die Führung, der Vorstand, die Geschäftsführung dazu committen oder es initiieren, ein Unternehmen sag ich mal zu verändern, heißt es noch lange nicht, und das ist ja auch was immer so theoretisch mitschwingt, es ist ja immer so nach dem Motto „Ah die Mitarbeiter wollen sich ja verändern, an den liegt es ja nicht, sondern es sind ja immer die Führungskräfte oder das Unternehmen an sich selbst, die sich nicht verändern wollen". Und ich glaube, das ist ein Learning aus unserer

Transformation, dass es so nicht ist. Also wir haben die Räume geöffnet und so weiter. Trotzdem schaffen es die Mitarbeiter selbst nicht, sie schaffen es noch immer sich selbst zu limitieren. Das heißt einfach sie schaffen es nicht diese Räume, diese Freiheitsgrade, diese Möglichkeit zu nutzen. Weil es einfach so ungewohnt ist und zum Beispiel auch im Bildungssystem kein Wert daraufgelegt wird. So ist es auch im Unternehmen. Das ist ein Fehler, wo wir auch erstmal lernen mussten. Die Mitarbeiter müssen ermutigt werden und befähig werden. (Hier schweift Herr Stelzmann ab und redet über das Bildungssystem und schlechte Angewohnheiten von Menschen.)

Kevin Lais: Hört sich schon mal interessant an. Vielleicht passend dazu die nächste Frage. Wie kann man diesen Widerständen, die im Veränderungsprozess auftauchen, entgegentreten?

Markus Stelzmann: Reden, reden, reden. Das ist richtig anstrengend. Du kannst ja jetzt nicht sagen „und jetzt New Work". Du musst überzeugen, du musst dabei sein und vieles selber machen, du musst vorgehen, du musst dich an die Regeln halten. Was auch schon wieder schwierig ist. Ich muss mich in meiner Firma an jede scheiß Regel, die ich auch blöde finde, halten. Weil sonst stelle ich sie in Frage. Natürlich könnte ich sagen „ist eine scheiß Regel". Und natürlich ist es auch Blödsinn. Aber unter Umständen kann es halt doch sein. Und da ist es wieder, die Währung der Zukunft ist Vertrauen. Das alle an diesem Ding mitmachen. Und es gibt keine Organisation wo Menschen nicht drauf spielen. Also wie auf einem Klavier. Und so ist es auch in unserer Organisation. Und das ist jetzt diese: Innovation braucht Vertrauen, Innovation braucht was Leichtes. Unternehmen heute sind nicht leicht. Wenn Unternehmen aus dem tiefsten Herzen leicht sind, dann wird es Erfolg haben. Unternehmen sind aber nicht mehr leicht. Ich war letzte Woche in einem Unternehmen und da mag ich mich nur unangeschnallt ins Auto setzen und gegen einen Baum fahren. Es ist nur negativ. Nur negativ. Das könne man nicht, weil. Und wenn du dann nachfragst, kommen 30 Prozent der Weils aus der Vergangenheit. Das könne man nicht weil, „weil vor 20 Jahren hat da jemand auch schon negativ drüber gesprochen." (Stelzmann schweift ab und lässt seine negativen Arbeitserfahrungen freien Lauf). Das ist der Klotz den wir einfach haben. Da braucht es dann einfach Offenheit und Klarheit.

Kevin Lais: Nochmal zurück zu der Vorgehensweise des Change Managements zu New Work...

Markus Stelzmann: Sorry, da unterbreche ich kurz. Der Unterschied zwischen Change Management und Transformation. Wenn du Change Management sagst oder von Change Management redest, redest du von einem Zustand A und davon, ihn in einem Zustand B zu überführen. Und diesen Zustand B so lange wie möglich zu halten und dann machen wir irgendwann von B auf C. Wenn du was von Transformation sagst hat es was mit lernen zu tun. Denn der Prozess kommt nicht mehr zum Stehen. Da hat es auch viel mit Sozialisation zu tun, dass du gewisse Verfahren und Methoden im Unternehmen etablierst, die dem Unternehmen die Möglichkeit geben zu lernen. Und damit Probleme immer wieder lösen zu können und auch aus Fehlern zu lernen.

Kevin Lais: Okay super. Zurück zur Vorgehensweise. Welche Vorgehensweise hat bei euch bei der Transformation zu New Work zum Erfolg geführt? Ist es möglich, da auch ein paar Phasen abzugrenzen?

Markus Stelzmann: Ja am Anfang ist es natürlich, und da kämpfen wir heute noch und du musst auch überlegen, heute ist die Welt eine andere. Da musst du dir überlegen, dass du deine Bachelorarbeit jetzt über das Thema schreibst. Da ist einfach eine ganz andere Aufmerksamkeit. Da ist die erste Phase das Probieren und Experimentieren, hin und zurück, und ist es das richtige. Die ersten drei Jahre waren das Schlimmste, mit Verlust von Mitarbeitern und alles drum herum. Mit allem möglichen und alles, nur eigentlich irgendwie anderes, das Unternehmen im Betrieb zu halten.

Kevin Lais: Mhm, könnte man bestimmt auch als Auftauphase beschreiben oder?

Markus Stelzmann: Ja genau, wie ein Auftauen. Und dann fängt es an zu wuseln und niemand weiß. Und dann kommt die Phase und ich sag auch „New Work braucht eine gewisse Hoffnungslosigkeit." Dann kommen auch die Mechanismen, dann wird nach einem Geschäftsführer gebrüllt und dann bin ich der Falsche, weil ich kein Techniker bin und dann ist der der Falsche und der ist der Falsche und so weiter es ist alles nicht richtig. Und wenn du das überwunden hast, fangen sie an sich Regeln zu erstellen. Da sind sie dann kreativ und gestalterisch. Heißt nicht, dass sie anders denken und anders sind wie bei anderen Unternehmen. Der Unterschied ist bloß, es sind ihre Regeln. Die sind dann Bottom-Up statt Top-Down.

Dann kommt aber auch und das ist natürlich, also so war das bei uns zumindest so, die Phase der Überregulierung. Es wird dann überreguliert. Diese Überregulierung kommt dann, wenn das Vertrauen fehlt eine Lösung zu finden. Das war so vor zwei Jahren, echt heftig, dass dann angefangen wurde überzureagieren. Dann entsteht ein System, dass sich selber verschränkt und unbeweglich wird. Und das muss dann wieder aufgebrochen werden und hinterfragt werden.

Kevin Lais: Noch eine Frage zu der Veränderungsweise, bevor wir dann zu den Veränderungsgegenständen übergehen, wenn ich jetzt dein Nachfolger wäre und so ein Transformationsprozess zu New Work gestalten müsste, welche goldene Regeln oder Tipps würdest du mir mit auf den Weg geben?

Markus Stelzmann: Goldene Regeln... ja... wir hatten es vorher... uff...

Kevin Lais: Oder auch Tipps?

Markus Stelzmann: Ja Tipps... was notwendig ist, ist eine gewisse Konsequenz. Ich habe auch oft zu denen gesagt: „Liebe Kinder, das läuft jetzt scheiße. Die Konsequenz kann sein, dass wir dann pleitegehen, aber dann gehen wir halt pleite." Und das gehört auch zum Erwachsenwerden dazu. Die Konsequenz fehlt in Unternehmen. Genauso wie Offenheit und Klarheit. Was ich dir empfehlen kann ist als Begleiter: Unser Tun und Streben geht immer nur darum Menschen in Wirkung zu bringen und ein Gefühl dafür kriegen: „Was ist meine Wirkung im Unternehmen."

Kevin Lais: Wenn wir jetzt zu den Veränderungsgegenständen übergehen würden. Zu den drei Veränderungsdimensionen People, Places, Tools. Welche Aspekte der Dimension People sind erfolgskritisch, welche verändert werden müssen und inwiefern?

Markus Stelzmann: Bei People brauchen wir eine neue Justierung der Menschen. Wir brauchen einfach wieder Menschen, die irgendetwas wollen, egal erstmal was, und für irgendetwas stehen. Wir brauchen Bildung, Klarheit, Stärken und Sicherheit. Der einzige auf den du dich verlassen kannst bist du, wenn du es kannst, wenn du es machst, dann kannst du aus dir selbst Sicherheit gewinnen. Die Menschen wollen keine Verantwortung. Sie wollen Verantwortung delegieren und das spiegelt sich leider auch im Unternehmen wieder. Der Mensch muss die Komplexität annehmen, aber das tut er nicht. (Stelzmann driftet ab und redet negativ über den Menschen, das Bildungssystem etc.)

Kevin Lais: Okay, und jetzt noch kurz zu den anderen Dimensionen. Zunächst die Dimension der Places. Inwiefern kann die Dimension Places die People unterstützen?

Markus Stelzmann: In meinen Augen ist die Dimension Places the most overrated. Daran mangelt es nicht. Daran gibt es eher noch zu viel. Ich sag immer „die Menschen sollen sich ihren scheiß Arbeitsplatz selbst aussuchen". Die Arbeitsweise ist immer mehr projektgetrieben. Und solange das Projekt im Fokus steht, ist mir egal, ob du auf dem Friedhof stehst oder am Strand sitzt. Es gibt Punkte, wo du ins Unternehmen musst, aber ansonsten sollen sie arbeiten wo sie wollen. Und wir sehen es ja im Zuge von Corona. Plötzlich kann die ganze Welt zuhause arbeiten. Es geht um Flexibilität und da will ich mir nicht mal Gedanken für meine Mitarbeiter machen. Du hast deinen Beitrag zu leisten und wo du den leistest, das ist mir egal.

Kevin Lais: Gut, und die Dimension Tools. Welche Aspekte in der Dimension Tools benötigt ein Unternehmen für eine New Work Transformation?

Markus Stelzmann: Wir haben zum Beispiel ein eingestricktes Intranet. Da sind alle Informationen des Unternehmens. Du brauchst Quellen. Du musst alle Quellen nutzen können. Du musst digital werden. Du brauchst heute eine gewisse mediale Kompetenz. Du brauchst natürlich ein gewisses digitales Environment und natürlich eine zur Verfügung gestellte Grundausstattung, um flexibel zu arbeiten. Sprich bei uns, wenn du ein Smartphone brauchst, dann bekommst du halt ein IPhone. Du musst das Environment zur Verfügung stellen und auch die Hardware. Aber du musst auch einfordern, dass sie die Tools auch modern nutzen. Nicht einfach „ohoho dann machen wir halt Mail". Ich kotze, wenn ich Mails bekomme, weil es mich nervt. Ich lese keine Mails, wo ich im CC bin (Stelzmann redet darüber, wie schlecht er Mails findet und lässt weiteren Dampf ab.)

Kevin Lais: Okay, Markus ich danke dir für deine Erkenntnisse und auch für deine sehr ausschweifenden Antworten. (Ende des Interviews.)

Anhang 4: Interview 2 mit Marie Koch am 10.03.20

Marie Koch ist Upstalsboomerin für den Bereich Kultur und Entwicklung. Upstalsboom wurde 2017 für den „New Work Award" nominiert. Marie Koch erlebte den Transformationsprozess von Upstalsboom selbst mit und leitet nun weitere Entwicklungs- und Kulturprojekte bei Upstalsboom.

Kevin Lais: Hallo Marie.

Marie Koch: Moin Kevin.

Kevin Lais: Wie geht's dir?

Marie Koch: Ja du, ich habe gerade eine Nachricht bekommen mit dem Titel „Crazy Times". Ich glaube das passt. Wir sagen jetzt auch aufgrund von Corona alles ab. Das ist wirklich heftig. Die größten kommenden Veranstaltungen werden gerade von uns abgesagt. Und wie geht's es dir?

Kevin Lais: Mir geht's soweit ganz gut. Ich arbeite im Home-Office, also kein Grund zur Sorge vor Corona. Bachelorarbeit läuft auch soweit. Ich bin froh Interviewpartner wie dich gefunden zu habe. Ein großes Dankeschön schon mal an dieser Stelle.

Welche Rolle hast du eigentlich bei Upstalsboom?

Marie Koch: Genau, vielleicht wollen wir damit starten, dass ich etwas von mir erzähle und du über dich. Ich arbeite auch von Zuhause aus, wie man sieht. Bin seit siebeneinhalb Jahre im Unternehmen. Bin siebenundzwanzig Jahre und bin direkt nach der Schule als Praktikantin im Hotel gelandet. Und fand es ziemlich cool. Ich habe immer gesagt, Hotel wird es nicht und dann war ich im Hotel und das Team war mega cool. Und es kommt gar nicht so dolle auf das was an, sondern eher auf das mit wem. Und das hat mich dazu verleitet, dass ich geblieben bin. Habe dann ein duales Studium gemacht und war auch eine der Auszubildenden, die den Kilimandscharo bestiegen haben.

Kevin Lais: Ja darüber habe ich gelesen, ziemlich cool.

Marie Koch: Ja war echt eine ziemlich abgefahrene Nummer. Dann im Sommer 2016 habe ich mit zwei Kolleginnen den Bereich Kultur und Entwicklung aufgemacht. Einfach, weil wir eine gewisse mediale Aufmerksamkeit bekommen haben. Genau und das ist jetzt seit 3,5 Jahren meine Home-Base, der Bereich Kultur. Vielleicht jetzt aber zu dir Kevin.

Kevin Lais: Ja, ich bin jetzt in der finalen Phase meines Bachelors. Schreibe über Change Management, weil ich da meine berufliche Zukunft sehe. Und nebenbei erarbeite ich mir ein berufliches Standbein als Coach. Als Passion-Coach, aber das hat jetzt nicht so viel mit meiner Bachelorarbeit zu tun. (Kurz weiteres über meine nähere Zukunft, Reiseabsichten und den Kilimandscharo.) Wenn du jetzt schon seit sieben Jahren dabei bist und den Kilimandscharo als Teil deiner Ausbildung besteigen konntest, hast du New Work ja sogar am eigenen Leib erlebt oder?

Marie Koch: Ja, also wenn man den Startschuss in 2010 beziffert, ist es sicherlich der offizielle Start gewesen, weil da die Umfrage war. Aber 2012 ging es erst so richtig los, weil die Führungskräfte einbezogen wurden, die Mitarbeiter merkten, da passiert jetzt was. In dem Moment bin ich auch ins Unternehmen gekommen. Da war das Unternehmen noch sehr streng, noch sehr hierarchisch geprägt. Ja New Work mit allen seinen Höhen und Tiefen und egal wie glorreiche Zeiten es manchmal gibt, genauso menschliche Zeiten mit Zoff gibt es. Wir sind alle Menschen, alle stehen mal dem falschen Bein auf. Und deswegen, alles was wir tun, tun wir mit dem Wissen, dass es auch schief gehen kann. Und es ist auch super vieles schief gegangen. Einiges natürlich nicht, deswegen reden wir heute auch. Aber das ist ein Weg der mitunter mühsam ist und da brauchst du ein ganz ganz starkes Why, sonst hältst du es nicht aus.

Kevin Lais: Nochmal kurz vorweg zu dem Interview und meiner Arbeit. Das Thema ist Change Management für New Work. Ziel ist es herauszufinden, wie man so einen Wandel hin zu New Work richtig gestalten kann, erfolgreich gestalten kann. Was mich da interessiert, sind die Veränderungsgegenstände. Also die Aspekte, die man verändern muss und inwiefern man sie verändern muss und zum anderen die Vorgehensweise, also wie man sie verändert. Die erste Frage dahingehend lautet:

Welche Besonderheiten sind dir beim Veränderungsprozess zu New Work aufgefallen?

Marie Koch: Erstmal finde ich braucht New Work eine Definition. Denn New Work bedeutet für Upstalsboom nicht der Hund oder der Kicker im Büro und wir machen hier jetzt einen auf New Work Spaces. New Work ist für uns eine ganz klassische Haltungsfrage. Wie trittst du Menschen gegenüber und wie trittst du Problemen gegenüber. Das ist alles ein Haltungsthema. Das schwierige ist Haltung steht nicht unbedingt im Buch: Von wegen mach die 10 Punkte und dann hast du eine bessere Haltung. Haltung ist etwas Erfahrungsbasiertes. Und Erfahrung braucht jemand der voraus geht und der einem hilft, das Vertrauen zum Beispiel nicht immer das

Messer im Rücken bedeutet. Meine Erfahrung: Ich bin halt als ganz junger Mensch ins Unternehmen rein und für mich war so okay, der Unternehmensdirektor verändern sich. Ein Moment an den ich mich sehr stark erinnere, das war einer unserer damaligen Strategie- und Leitbildtagungen. Da kamen so 80 bis 90 Upstalsboomer, also Mitarbeiter zusammen und ich saß auf einmal als Auszubildende neben dem Hoteldirektor des Landhotels und neben mir war irgendein Küchenchef. Und ich dachte „um Gottes Willen was mache ich hier". Ich hatte keine Ahnung was wir hier sollten. Es hieß zwei Tage Betriebsausflug, in den Bus gesetzt und dann saß ich da irgendwie zwischen diesen Führungskräften. Und wir redeten darüber, was Offenheit bedeutet. Und es war am Anfang sehr, sehr merkwürdig und ich war noch nie so das kleine schüchterne Mäuschen, aber natürlich bist du gehemmt, mit 19, 20 Jahren bist du gehemmt, wenn neben dir ein Hoteldirekt oder Küchenchef sitzt. Einfach weil „da habe ich doch nichts zu melden". Und das ist eine Erfahrung, die ich hier gerne teilen kann und möchte, dass es eben damit anfing, dass wir jeden abgeholt haben.

Kevin Lais: Top, danke! Auf welche Besonderheiten trifft denn jetzt das Change Management dann bei New Work? Auf was muss man dahingehend denn besonders achten?

Marie Koch: Change Management ist für uns Entwicklungsarbeit. Change ist übersetzt Veränderung. Jeder Mensch ist unterschiedlich, aber die meisten reagieren bei Veränderungen „Oh Gott". Veränderung heißt nämlich, dass das was ich bislang gemacht habe ist nicht gut: Du bist übergewichtig, du musst abnehmen, du musst dich verändern. Von diesem Muss und dem Zwang, dass alles Vorherige nicht gut war, sind wir zum Entwickeln gekommen. Entwickeln hat dieses schöne Sinnbild einer Spule, die du erstmal entwickeln musst und am Ende kommst du zu dem Kern. Und alles was auf der Spule drauf war und ist, ist wichtig, um überhaupt an den Kern kommen zu können. Das heißt Entwicklung und, das ist jetzt subjektiv, ist wertschätzender als von Change Management zu sprechen.

Also Entwicklungsmanagement für New Work bedeutet, dass es kein Rezept gibt. Es gibt unfassbar viele Bücher zu Change Management, wie es gelingen kann, wie Veränderungsprozesse implementiert werden. Change Management für New Work ist quasi ein eigenes in sich geschlossenes System für jedes Unternehmen, für jeden Bereich, für jedes Team. Denn wenn du New Work ernst nimmst, muss du die Menschen sehen, die in diesem Bereich, in diesem Team, in diesem Unternehmen sind. Und die sind bei Upstalsboom andere als z.B. bei Otto. Das heißt, es macht es unfassbar schwierig zu strukturieren. Ein Change Management für New Work braucht auch Bauchgefühl. Und ich glaube, dass das es ist was sich beißt. Change Management ist „hier ist mein Plan". Wir sagen auch, „Zahlen können gemanagte werden, Menschen nicht, die können nur geführt werden." Wenn man das alles runter bricht, dann bedeutet Change Management für uns „Entwicklungsführung". Weil sowohl Change als auch Management bei New Work für uns ein Widerspruch ist. Was hilft ist: erstens, schau dir an welche Menschen du hast, zweitens, nimm dir ein Gerüst, aber sei dir klar, dass du es umbauen wirst und muss und drittens: Finde bevor du so einen Change Prozess machst für alle Menschen erstmal einen Platz und finde heraus, wo du hinmöchtest. Wie bei Kilimajaro: Was ist das Ziel? Du kannst die Route nehmen und du kannst die Route nehmen, du kannst gehen, fliegen oder geschoben werden. Den Weg wirst du finden, aber überleg dir, warum du das machst und den Weg überhaupt gehst.

Kevin Lais: Tolle Überleitung mit der Route oder auch dem Gerüst. Welches Gerüst könntest du denn nun empfehlen anhand deiner Erfahrungen, die du bei Upstalsboom gesammelt hast? Wie könnte man so eine Vorgehensweise für New Work strukturieren, in Phasen vielleicht auch?

Marie Koch: Zu aller erst nehmen wir die Führungskräfte. Eine Führungskraft hat Macht. Ob sie das ausspricht oder nicht, das ist einfach geprägt. Da oben steht jemand der sagt etwas, wir machen es. Und wenn diese Führungskraft bewusst oder nicht bewusst seine Macht instrumentalisiert oder anderweitig nutzt, dass es gegen den Unternehmenssinn oder gegen New Work ist, dann kann ganz viel kaputt gehen. Also Phase 1: Führungskräfte. Danach relativ schnell folgend, nimm die Mitarbeiter mit. Und zwar querfeldein. Unabhängig von Betriebszugehörigkeit, unabhängig von „oh Gott die haben doch keine Zeit". Hol dir alle mal ran und mach dir einen Querschnitt. Setz die Menschen zusammen. Weil dann entsteht halt etwas. Und dann gib diesem ganzen Entwicklungsprozess, gib den Mitarbeitern einen Sinn. Und nicht: „ja dann geht's euch besser oder ja mach das mal, weil das ist cool oder wir bekommen einen Award dafür". Da hat kein Mitarbeiter was davon. Ja ist schön, wenn es mir gut geht aber das ist ungreifbar. Du brauchst die Karotte. Die muss nicht nur immer vor dir hängen, die muss auch erreichbar sein. Wenn das gegeben ist, kann ein Leitbild implementiert werden. Finde einen gemeinsamen Sinn. Warum es sich lohnt das zu tun. Also 1. Führung, 2. Inklusion, 3. Sinnhaftigkeit.

Kevin Lais: Jetzt angenommen, ich wäre ein Change Manager für New Work, vielleicht auch bei deinem Unternehmen bei Upstalsboom. Welche goldenen Regeln, welche Tipps würdest du mir geben, um diesen Wandel für euch optimal zu gestalte?.

Marie Koch: Was ich dir raten könnte ist, viel Zeit mitzunehmen. Gehe ein langfristiges Projekt an und arbeite erstmal an der Basis mit. Kenn die Mitarbeiter, kenn die Brache und den Bereich. Das Ganze nicht undercover, denn das kommt uncool. Sondern wirklich zu sagen „hey ich bin hier, um ein bisschen Strukturen anzugucken." Und das bedeutet ich trage Tabletts, das bedeutet ich schäle dir die Kartoffeln. Um die Leute kennenzulernen, dann kann man gucken, welche Strukturen, welche Hierarchien es gibt.

Kevin Lais: Okay, perfekt. Und sagen wir, ich würde als Change Manager auf Widerstände stoßen, wie sollte ich darauf reagieren?

Marie Koch: Erstmal sich darauf vorbereiten, dass diese Widerstände kommen werden. Jeder der etwas entwickeln bzw. verändern will, der wird erstmal immer skeptisch betrachtet. Was dir helfen könnte ist das Story-Telling. Das heißt, mach ihnen begreiflich warum diese Veränderungen gerade notwendig sind. Bestenfalls mit einer persönlichen Geschichte. Wenn etwas passieren soll, versuch irgendeine Beziehung zu dir zu schaffen, zu deinen Erfahrungen, woran die Mitarbeiter dran teilhaben können. Wenn es sein muss, zieh auch mal die Hosen runter und sag „Hey, das läuft gerade richtig scheiße". Sei ehrlich und versuch es in eine Geschichte zu packen, damit deine Mitarbeiter das Warum verstehen.

Kevin Lais: Okay super, dann können wir auch schon zu den Veränderungsgegenständen kommen. Es gibt die drei Veränderungsdimensionen People, Places, Tools. Kennst du dich mit dem Modell aus? Sagen dir die Veränderungsdimensionen etwas?

Marie Koch: Ja, die kenn ich.

Kevin Lais: Perfekt. Dann zur Dimension People. Auf welche Aspekte denkst du, sollte hier verstärkt Fokus gelegt werden und inwiefern sollten sich diese Aspekte für ein New Work Unternehmen verändern?

Marie Koch: Die Vertrauenskultur ist elementar. Und die braucht auch unglaublich viel Zeit. Ich habe eine geschätzte Kollegin, Bettina, die ist schon seit 2002 im Unternehmen, sagt aber das sie erst 2014 Upstalsbommerin wurde. Weil sie vorher dachte, das ist alles irgendwie ganz komisch. Die hat auch noch bis 2016/17 gesagt: „Leute, ich habe immer noch auf den Moment gewartet bis Bodo um die Ecke kommt und sagt „Etschibetsch, das war's jetzt, so bin ich doch nicht"". Das heißt es braucht unglaublich viel Zeit und viele Beweise, dass diese Vertrauenskultur ernst gemeint ist.

Und was ich glaube was, gerade im Bereich People wichtig ist, ist das Strukturkonzept im Unternehmen. Bei uns hatten die Mitarbeiter z.b. auf einmal sehr viel Freiheit, sodass sie ihnen quasi der Boden unter den Füßen weggerissen wurde und die Führungskräfte auch gar nicht mehr wussten „was ist mit mir, was wird aus mir". Das bedeutet, es braucht immer viel Freiheit, viel Vertrauen und viel Struktur. Als Beispiel nehme ich immer gerne die Straßenverkehrsordnung. Die sagt uns, Rechts vor Links, da ist eine Vorfahrtsstraße und eine rote Ampel. Aber ob ich diesen Weg von Emden nach Aurich mit dem Auto fahre, mit dem Fahrrad oder der Bahn, ob ich nochmal einen Umweg mache, das ist mir überlassen.

Und das ist so dieses Strukturkonzept: Welche Strukturen haben wir, welche roten Ampel haben wir, wo ist bei uns die Grenze, welche Regeln wie Rechts vor Links gibt es bei uns? Da berufen wir uns nach unserem Wertebaum aber da braucht es eben auch Regeln. Das heißt für die Veränderungsdimension People: Es kommt immer auf das rechte Maß an. Auch bei Freiheit braucht es etwas zum Festhalten, weil sonst schwimmst du.

Kevin Lais: Schön gesagt. Und nun zu der Veränderungsdimension Places. Wie schauen eure Büros aus, inwiefern haben diese sich verändert, inwiefern hat sich auch eure Arbeitsweise dahingehend verändert und inwiefern unterstützen eure Büros euch in eurer Arbeitsweise? Zum Beispiel arbeitest du jetzt gerade von zu Hause aus, auch ein Thema passend zu Place.

Marie Koch: Also ich arbeite in der Zentrale. Allerdings auch viel im Home-Office, weil ich viel unterwegs bin. In der Zentrale, wenn du sie sehen würdest, wenn du mal vorbei kämst, würdest du erschrecken und meinen „das kann doch nicht euer Ernst sein". Es ist so richtig schön 70er Jahre Gebäude, angegilbte Schreibtische, graue Teppiche, es ist wirklich schrecklich. Wir versuchen zwar nach und nach das auszubessern mit kleinen Veränderungen. Dieser große Pitch den gab es noch nicht, ist aber vorgesehen. Was ich damit sagen will ist, New Work in der Unternehmenskultur kann stattfinden auch wenn die Büros so hässlich sind. Aber natürlich bedingt ein schöner Arbeitsort, ein Place, das Fortschreiten. Und zu Home-Office, das können wir machen, bei denen die Aufgabe und Arbeitsweise es zulässt und in den Hotels arbeiten wir auch etwas mit neuen Mitarbeiterräumen. Aber ansonsten ist die Dimension Place nicht weiter ausgebaut bei uns.

Kevin Lais: Okay, und wenn du dir den idealen Place vorstellen müsstest für eure Arbeit, wie würde er deiner Meinung nach aussehen?

Marie Koch: Viel Offenheit. Ich glaube, dass Großraumbüros mit gewissen Unterteilungen schon ein gutes Maß sind für die Verbundenheit. Unterteilung heißt, dadurch das wir in unserem Bereich kommunikativ stark sind, also viel telefonieren, das heißt wir brauchen auch gewisse Orte, wo wir uns hinsetzen können, wo es auch keinen anderen stört. Aber hell, offen, viel Glas, fröhliche Farben und ich sehe vor allem auch gesunde Arbeitstische, eine Küche, ein langer Tisch und klischeemäßig auch viele Post-its. Das ist natürlich nicht alles und in den Hotels haben wir natürlich wiederum ganz andere Voraussetzungen.

Kevin Lais: Klingt gut. Okay und zur letzten Veränderungdimension der Tools. Welche Tools und Technologien benutzt ihr und was hat sich da bei Upstaalsboom verändert?

Marie Koch: Ein nicht technologisches Tool ist bei uns das „Du" und einige Mitarbeiter, die auch im öffentlichen Gastbereich unterwegs sind, haben nur noch den Vornahmen auf ihren Namensschildern. Das ist so ein Tool, wir sind alle per Du. Wir haben ein Intranet, darüber laufen ganz viele Informationen, Berichte werden darüber gepostet und so weiter. Vielleicht ganz spannend für dich: Otto z.B. wusste, sie müssen sich digitalisieren, sie haben zum Beispiel auch ihren Katalog eingestampft. Und daraus ist irgendwie entstanden „Oh, wir machen Unternehmenskultur". Wir mussten Unternehmenskultur machen, wegen der Umfrage und weil ging nicht mehr, und merken jetzt „oh wir brauchen neue Tools". Das eine geht nicht ohne das andere einher. Es ist ein Helfer, aber jeder hat seinen individuellen Ansatz.

Kevin Lais: Perfekt, dann kommen wir jetzt schon zur letzten Fragen und zwar sagt die Theorie, dass nur ein ganzheitlicher Ansatz, wenn also alle drei Veränderungsdimensionen berücksichtigt werden, zum Erfolg führen kann.

Marie Koch: Ich glaube, du kannst es probieren es voneinander zu trennen, aber dann wirst du scheitern. Genauso wie du scheiterst, wenn du dich nur mit den Führungskräften auseinandersetzt und den Mitarbeiter vergisst. Irgendwann greift alles ineinander einher. Es ist für mich unverzichtbar sich mit allen, aber unternehmensindividuell, auseinander zu setzen. Und unser Schwerpunkt ist nicht Places unser Schwerpunkt ist ganz klar People. Aber das eine benötigt immer Komponenten vom anderen.

Kevin Lais: Alles klar. Marie ich danke dir vielmals für die eloquenten Antworten und die vielen Beispiele, das wird mir in meiner Bachelorarbeit sehr weiterhelfen. Danke für das erfolgreiche Interview. Es war mir wirklich eine Freude.

Marie Koch: Danke für die gute Struktur, also Respekt. Ich hatte letzte Woche ein Gespräch das war bisschen „anders". Gut aufbereitet, hat Spaß gemacht.

(Ende des Interviews.)

Anhang 5: Interview 3 mit Marlies Strobl am 18.03.20

Marlies Strobl arbeitet als Human Ressource Generalistin in dem Konzern im IT Bereich und unterstützt das Unternehmen bei weiteren Umsetzungen von New Work Konzepten. Seit Beginn ihres Arbeitslebens arbeitet Marlies Strobl in New Work Arbeitsformen. Sie erlebte den Wandel des Konzerns zum „Unternehmen der nächsten Generation" und unterstützt mittlerweile weitere New Work Umsetzungen im Unternehmen. Frau Strobl schrieb ihre Master-Thesis über die neue Führungsrolle in der New World of Work im Vergleich von ihrem Unternehmen und der ERSTE Bank. Auch Frau Stroble arbeitet aufgrund der aktuellen Lage im Home-Office. Nach einer kurzen Einleitung in das Interview sowie ein wenig Smalltalk startete das Interview.

Kevin Lais: Und dann die erste Frage an dich, welche Erfahrungen hast du schon mit New Work gemacht, auch vielleicht schon bei einer Umsetzung von New Work? Und was verstehst du unter New Work?

Marlies Strobl: Also mal zu meinen Erfahrungen zuerst: Ich arbeite seit Ende 2015 eigentlich durchgehend in New Work Modellen. Also ich bin es wirklich nicht anders gewohnt, anders zuarbeiten und es ändert sich einfach ständig was. Also ich glaube man muss sich einfach dem bewusst sein, dass wenn man einmal sich jetzt auf ein anderes Arbeitszeitmodell oder andere Arbeitsformen umgestellt hat, dass man das nicht für 10 Jahre behält, sondern das man immer einen Blick drauf wirft, „hey wie hat sich jetzt unser Business generell verändert, müssen wir auch unsere Arbeitsweise anpassen". Und dass man das ständig hinterfragt, ob es immer noch zu den Bedürfnissen und zu den Needs passt. Ich glaube, dass das einfach sehr wichtig ist, dass man das im Hinterkopf behält.

Und New Work heißt für mich eben nicht, dass man sein Office jetzt fancy umgestaltet und sagt okay, wir haben jetzt alle ein Open-Space-Büro und wir arbeiten jetzt alle nach dem „New World of Work Konzept". Da gehört für mich mehr dazu. Das heißt einerseits von der Kultur, das heißt von der Einstellung der Mitarbeiter. Also das beginnt alles so zu sagen, ganz wo anders als bei einem physischen Office-Umbau.

Kevin Lais: Mhm, okay. Und auf welche Besonderheiten treffen wir jetzt bei New Work hinsichtlich des Change Managements?

Marlies Strobl: Hmm, ich glaube mal ganz als erstes ist es wichtig, dass vor allem die Geschäftsführung und die Führungskräfte die Entscheidungen mittragen oder das Gesamtkonzept mittragen. Also wenn man die nicht einbindet und es nicht selbstständig vorleben, dann wird es sich letztendlich nicht durchsetzen. Und ganz wichtig ist natürlich auch, dass man die Mitarbeiter immer einbindet, immer informiert, vielleicht lässt man die Mitarbeiter in kleinen Arbeitskreisen am Konzept mitarbeiten, stellt Kommunikationsplattformen zur Verfügung, wo sie Kommentare zu Fortschritten abgeben können und einfach immer wieder die Stimmung einfängt: „okay passt es woran wir arbeiten oder müssen wir etwas adaptieren?" Gibt es irgendwelche coolen Vorschläge von den Mitarbeitern, die man einfließen lassen kann?

Ich glaube da gibt es verschiedenste Möglichkeiten und es kommt sicher darauf an, wie die Kultur im Unternehmen ist und wenn es jetzt ein Konzern ist mit 10.000 Mitarbeiter, dann werde ich sicherlich nicht jeden Mitarbeiter mitreden lassen können. Also dann muss ich vielleicht kleinere Arbeitsgruppen bilden. Also ich glaube das hängt von Unternehmen zu Unternehmen davon ab, wie man es am Ende ausgestaltet.

Kevin Lais: Perfekt, klingt gut. Ich weiß nicht inwiefern du jetzt schon in so einem Change Projekt für New Work beteiligt warst, aber durch welche Vorgehensweise lässt sich in einem solchen Change Projekt Erfolg erzielen?

Marlies Strobl: Ich gebe dir mal ein paar Hintergrundinformationen, wie es bei uns in dem Fall war. Also (der Konzern) ist jetzt seit 2011 in diesem New World of Work Konzept. Damals wurde es eben mit den Office Umbau publik und offensichtlich gemacht. Wir verändern natürlich ständig kleinere Bereiche und unsere Arbeitsweise. Also so im ein, zwei Jahrestakt gibt es immer wieder etwas Neues. Das ist auch sicherlich im Office ersichtlich. Und wir werden auch sicherlich wieder im Sommer einen großen Umbau machen. Aber damals hat es ganz anderes stattgefunden, als es jetzt stattfinden würde. Also damals haben wirklich die Mitarbeiter die Räume selbst mit dem Architekten designt. Das heißt jeder Raum sieht komplett anders aus. Jetzt geht es vielmehr hin zu „okay, wie arbeiten wir in der Zukunft", was sind unsere Bedürfnisse und wie können wir auch unsere Technologie mit einfließen lassen und wie soll dazu dann unser Office zu ausschauen. Also das sind einfach zwei komplett unterschiedliche Ansätze, mal von dem her. Und man braucht jetzt natürlich viel weniger Change Management Methoden an sich, wie man es wahrscheinlich früher gebraucht hat, weil die Leute es einfach gewohnt sind. Bzw. schauen wir auch sehr stark im Recruitingprozess darauf, dass wir wirklich Leute zu uns holen, die damit leben können und die daran gewöhnt sind. Die man nicht komplett damit überfordert, wenn man ihnen sagt „okay, du sitzt jetzt mit 40 bis 50 Leuten in einem Raum und suchst dir jeden Tag einen neuen Platz".

Du kannst auch von zu Hause arbeiten oder in einer Berghütte. Du siehst halt, schlussendlich fängt es bei den damit Menschen an. Aber es ist jetzt immer noch genauso wichtig, dass wir auf das Feedback von den Mitarbeitern hören. Also wir haben eine eigene Seite, wo immer wieder Updates von den Architekten und von den Projektterminen drauf gepostet werden, wo einfach die Mitarbeiter auch Kommentare abgeben können, wie sie den Wandel selber sehen.

Kevin Lais: Hört sich gut an. Hört sich so an als hättet ihr schon eine sehr wandlungsfähige und wandlungsbereite Unternehmenskultur aufgebaut.

Marlies Strobl: Definitiv!

Kevin Lais: Wenn wir jetzt so einen Transformationsprozess, nun in Phasen untergliedern würden, inwiefern würden sich die einzelnen Phasen charakterisieren?

Marlies Strobl: Also wir sehen es als essenziell an, dass die Kultur dafür vorhanden ist. Also dass man auch generell eine offene Kultur lebt, wo man einander vertraut. Die eben nicht drauf ausgerichtet ist, dass man seine Mitarbeiter kontrolliert. Also die Führungskräfte sind in dem Prozess immens wichtig, weil es wird einfach sonst nicht funktionieren, wenn man auf so ein neues Konzept der Arbeitsform umsteigen möchte. Und wenn ich dann auf dem Stand bin, dass meine Kultur es zulässt, dann kann ich eben Maßnahmen treffen. Hinsichtlich okay, welche neuen Guidelines haben wir jetzt und wie können wir arbeiten, es braucht natürlich auch gewisse Spielregeln, an die sich alle halten müssen. Es kann natürlich nicht jeder tun und lassen was er will. Es ist definitiv kein Ponyhof. Man braucht definitiv dann auch ein Performancesystem, dass das dann zulässt. Dafür muss sich dann natürlich auch einiges ändern, dass man dann eben zielgerichtet arbeitet und sich die Teams untereinander auch so Freiheiten nehmen können. Weil klar, Menschen haben unterschiedliche Bedürfnisse. Wenn ich jetzt Mütter und Väter drinnen habe, die haben einfach andere Bedürfnisse, wie wir, die zum Beispiel keine Kinder haben. Das muss die Kultur einfach zulassen und das muss auch die Arbeitsform zulassen. Und dann fängt man eben an zu überlegen, okay wie kann das Office ausschauen, dass es für alle passt. Ist es wirklich zum Arbeiten da, ist es mehr zum Netzwerken da. Habe ich auch Zonen drinnen, die mir Möglichkeiten zur Freizeitgestaltung bieten, so wie ein Fitnesscenter? Und dann muss man diesen ganzen Umgestaltungsprozess begleitet und da ist Kommunikation von größter Bedeutung. Und, dass man das dann auch im Nachhinein immer richtig reflektiert und sich fragt, okay haben wir die richtigen Dinge umgesetzt, müssen wir vielleicht noch etwas verändern. Und immer sehr wichtig ist es, sehr nah an den Mitarbeitern dran zu sein und hinein zu hören, wie die Stimmung gerade ist und passt das wie wir das jetzt umgesetzt haben. Also ich glaube da muss auch jedes Unternehmen so einzelne Antworten für sich finden, was ihr Change Management dafür benötigt. Aber Kommunikation und die Einbindung von Mitarbeitern und Führungskräfte sind kritische Punkte in jedem Change Prozess.

Kevin Lais: Perfekt, danke für die tolle Antwort und wenn ich jetzt an der Stelle eines Change Managers wäre und ich hätte jetzt die Herausforderung, eure Umsetzung von New Work zu gestalten. Welche Tipps würdest du mir dafür mit auf den Weg geben?

Marlies Strobl: Generell zu hinterfragen, wie die Leute hier ticken und wie das Business funktioniert. Weil nur, wenn ich weiß wie die Leute arbeiten und was sie brauchen, kann ich erst die Arbeitsumgebung und die Arbeitsform und –gestaltung daran anpassen. Das alles ist erstmal zu hinterfragen und dann herauszufinden, was sind denn die Wünsche von Führungskräfte und Mitarbeiter, dafür vielleicht Interviews oder Umfrage durchführen. Dass ich da auch einen gemeinsamen Nenner entwickeln kann. Und, dass ich dann eben gezielte Informationsveranstaltungen plane oder dass ich gezielte Informationskanäle benutze, sodass man das einfach mit der Arbeitsgruppe, die für diesen Change verantwortlich ist, quasi gemeinsam erarbeitet und immer kritisch hinterfragt und jetzt weniger, ich drücke euch ein Konzept vor, sondern sich an die Fragen vorhangeln und überlegen was könnte passen.

Kevin Lais: Okay, perfekt. Gehen wir über zum zweiten Teil des Interviews zu den Veränderungsgegenständen in den drei Veränderungsdimensionen People, Places, Tools. Sagen die dir etwas?

Marlies Strobl: Ja, ich habe meine Masterarbeit in einem ähnlichen Thema geschrieben.

Kevin Lais: Ah, okay sehr interessant! Was für ein Thema war das?

Marlies Strobl: Ich habe über die neue Führungsrolle in der New World of Work mit Vergleich von (IT-Konzern) und der ERSTE Bank geschrieben.

Kevin Lais: Ah wie cool. Dann kennst du dich ja bestens aus. Dann würde ich dich gerne frage, was du von diesem ganzheitlichen Vorgehen hältst. Weil in der Theorie heißt es, dass ein Transformationsprozess zu New Work nur dann funktioniert, wenn man alle drei Dimensionen ganzheitlich anspricht und umsetzt. Inwiefern sprichst du dem zu?

Marlies Strobl: Also dem kann ich in der Praxis eigentlich nur zustimmen. Weil wenn ich die Leute nicht habe, die das Mittragen, dann hilft mir die beste Technologie und das schönste Office nichts. Und umgekehrt müssen natürlich auch das Office und die technologische Ausstattung zudem passen, wie die Mitarbeiter arbeiten. Deswegen braucht es definitiv einen ganzheitlichen Ansatz und alle drei Dimensionen müssen stimmig sein.

Kevin Lais: Okay, danke und wenn wir jetzt auf die Dimension People eingehen. Was ist wichtig dahingehend zu verändern, um wirklich zu einem New Work Unternehmen werden?

Marlies Strobl: Da gibt es mehrere Punkte. Zum einen, dass ich die Mitarbeiter so weit habe, dass sie keine Angst davor haben selbstständig zu arbeiten. Die Eigenmotivation und Selbstorganisation in sich haben. Und eben Führungskräfte, die auch den Mitarbeiter vertrauen und mit dem richtigen Führungsstil und Kommunikationsstil die Mitarbeiter führen können. Weil ich kann die Mitarbeiter nicht mehr in Zukunft kontrollieren. Da braucht es eben auch eine Kultur des Vertrauens. Und das ist in dieser People Dimension ein ganz wichtiges Element.

Kevin Lais: Okay und wenn wir jetzt auf die Arbeitsweise in ihrem Konzern eingehen. Wie wird dort gearbeitet? Ich habe jetzt viel von kollaborativer Projektorganisation gelesen. Findet sich das so auch bei Ihnen wieder?

Marlies Strobl: Definitiv, also wir haben viele Projekte, die es gar nicht zulassen würden, wenn jedes Team nur für sich arbeitet. Also es sind immer viele übergreifende Teams an einem Projekt. Wir haben auch die Regel, dass jedes Meeting auch online aufgesetzt sein soll. Also eben als Teams Variante. Also ist es egal, ob ich gerade unterwegs bin oder im Office bin. Es werden immer beide Varianten angeboten. Und dann kann jeder auch teilnehmen, dann wann es passt. Ob ich jetzt physisch da bin oder nicht. Zum Beispiel in unserem Team ist es wichtig, dass wir uns auch einmal in der Woche auch physisch treffen. Das darf man glaube ich nicht außer Acht lassen, dass auch der persönliche Kontakt trotzdem wichtig ist. Also man sollte zumindest seine Fixpunkte haben, bei denen man sich einfach abspricht.

Kevin Lais: Kann man bei ihrem Konzern schon von einer Netzwerkorganisation sprechen?

Marlies Strobl: Ja würde ich schon sagen. Wir sind generell in einer Matrixorganisation organisiert. Und ich glaube es vergeht kein Tag an dem ich nicht mit einem internationalen Kollegen irgendwelche Calls zur Projektabstimmung habe.

Kevin Lais: Hört sich toll an. Und zur Veränderungsdimension der Places: Auf welche Aspekte sollte hier Fokus gelegt werden?

Marlies Strobl: Das hängt wieder sehr davon ab, wie man es als Unternehmen ausgestalten will. Also ich habe damals eben auch den Konzern mit der Erste Bank verglichen. Und da war der Place gänzlich anders. Das waren einfach zwei verschiedene Konzepte. Deswegen denke ich kommt es ganz darauf an was das Ziel davon ist. Bei uns ist es quasi so, dass das Büro ein lebendiger Ort sein soll, an dem man sich quasi trifft und Meetings machen kann und sich auch zurück ziehen kann um seine Calls zu erledigen. Es muss auch einfach ein gewisser Wohlfühlfaktor da sein. Was bei uns sehr, sehr viel ausmacht ist die Cafeteria, wo wir auch den ganzen Tag über gratis Kaffee bekommen. Das ist einfach der Bereich, wo sich viele Leute auch hinsetzen und sich gemeinsam hinsetzen und sich informell austauschen und auch einfach ihren Tag strukturieren und dann gehen sie eigentlich erst raus in die Arbeitsbereiche und suchen sich einen ruhigen Platz zum Arbeiten. Bei uns gibt's aber auch genauso gut eine Sportarea, wo man den ganzen Tag über Sport machen könnte. Wenn man möchte könnte man, so zu sagen, sich seine Freizeit auch ans Office anpassen, dass das Office eben auch solche Bedürfnisse abdeckt.

Kevin Lais: Hört sich perfekt an. Hört sich danach an als hättet ihr auch das Activity Based Working bei euch eingeführt?

Marlies Strobl: Jap, ganz genau.

Kevin Lais: Und da habt ihr dann auch ein Open Office im Shared Desk Prinzip?

Marlies Strobl: Genau, es hat eigentlich niemand einen fixen Arbeitsplatz. Wir im HR und im Finance, wir haben eine Area wo wir quasi einen Arbeitsplatz suchen können. Aber jetzt keinen fix-Desk.

Kevin Lais: Okay cool. Und dann eigentlich schon zur fast letzten Frage. Welche Aspekte der Dimension Tools sind denn jetzt wichtig für ein New Work Unternehmen? Und für eine New Work Arbeitsweise?

Marlies Strobl: Ich glaube, dass ich eben technologisch die Tools habe, das ich a) kommunizieren kann und, dass ich b) übergreifend arbeiten kann an einzelnen Dokumenten und, dass es schnell geht und funktioniert und, dass ich nicht 50 verschiedene Tools verwenden muss. Also ich muss sagen seitdem wir Teams im Einsatz haben, ist es wesentlich einfacher, weil wir alles im selben Tool erledigen, sei es telefonieren, chatten oder Dokumente austauschen. Aber auch hier ist es abhängig, was es für eine Kultur ist.

Kevin Lais: Alles klar, Marlies. Top, Dankeschön. Das waren meine Fragen gewesen. Ich bedanke mich bei dir für die sehr zielgerichteten und guten Antworten.

(Ende des Interviews).

Anhang 6: Interview 4 mit Manfred della Schiava am 18.03.20

Manfred della Schiava ist Gründer des Wissens-Berater-Netzwerks, welches sich auf das Wissensmanagement, die „Zukunft der Arbeit" und die „Zukunft der Organisation" spezialisiert hat. Sein Hauptanliegen ist es, Menschen zu unterstützen ein besseres Arbeitsleben zu führen, welches Spaß macht. Er begleitet Unternehmen in Veränderungsprozessen und unterstützt sie nachhaltig erfolgreich zu sein und auch zu bleiben.

Kevin Lais: Perfekt, danke Herr Schiava für Ihre Unterstützung, das freut mich sehr zu hören. Dann würde ich sagen fangen wir direkt einmal an mit einer einsteigenden Frage: Was verstehen Sie unter New Work und welche Erfahrungen haben Sie damit schon gesammelt? Besonders auch, welche Erfahrungen konnten Sie schon mit Veränderungsprojekten für New Work sammeln?

Manfred della Schiava: Also grundsätzlich verstehe ich unter New Work oder das neue Arbeiten, so zu arbeiten, dass es den Bedürfnissen derjenigen entspricht, die man bedient. Also einerseits die der Kunden, aber auch die eigenen Bedürfnisse. Und, dass es in der Eigenverantwortung des Arbeitenden möglich liegt, sich eigene Arbeitsbereiche auszusuchen, die für die Arbeit passen. Also einmal Bedingung und Forderung ist, dass Mitarbeiter Spaß haben, glücklich sind und gesund sind. Die Forderungen sind in der Regel schon vor 10 bis 12 Jahren aufgestellt worden in diesem Bereich. Ich beschäftige mich schon seit 2008 damit und ich bin auch certified Business Consultant von der Microsoft Amsterdam seit 2009. Weil die hat eine der ersten Role Model aufgestellt für ein Future Office in Amsterdam. Das war eigentlich so neben den Google Office eines der ersten Offices, die es hier gegeben hat. Und von da weg sind im Grunde genommen die Erfahrungen Und seit 11 oder 12 Jahren berate ich Unternehmen unterschiedlicher Größenordnungen in diesen Prozessen. Egal ob Gestaltungsprozesse oder Veränderungsprozesse. Was man im Grunde nicht wirklich voneinander trennen kann.

Kevin Lais: Ah perfekt, dann sind sie ja genau der Richtige für das Interview heute. Dann direkt zur nächsten Frage: Welche Besonderheiten sehen sie in Veränderungsprozessen zu New Work und worauf muss besonders Wert gelegt werden?

Manfred della Schiava: Also, dass aller Wesentlichste ist und bleibt, dass man von der Strategie des Unternehmens ausgeht. Der Strategiebegriff hat sich in den letzten 12 Jahren sehr stark geändert, wir waren vor 12 Jahren beim Strategiebegriff noch stärker in der internen Organisation und in der internen Welt. Das heißt es wurden Strategien definiert, natürlich unter Berücksichtigung des Umfeldes.

Während wir heute Strategien machen, die viel, viel stärker mit dem Ökosystem verknüpft sind. Also eine Unternehmensstrategie ohne entsprechende Plattformstrategie oder ohne sich zu überlegen, wie interagiere ich mit dem Ökosystem, macht nicht mehr viel Sinn. Trotzdem eines ist gleichgeblieben, eine der wesentlichen Besonderheiten, wenn man sich mit der Zukunft der Arbeit auseinandersetzt, egal ob mit oder ohne Büro der Zukunft, ist sich mit der Strategie auseinander zusetzten und vor allem mit dem Zukunftsbild der Strategie. Das ist ein wesentlicher Punkt. Der zweite wesentliche Punkt ist: Der Mensch ist im Mittelpunkt und bleibt im Mittelpunkt. Auch wenn man solche Stichworte wie die digitale Transformation verwendet. Wir können, wenn sie da wollen noch ein gehen auf die künstliche Intelligenz, aber das ist im Grunde genommen Randthema.

Kevin Lais: Mhm, genau. Da stimme ich Ihnen zu. Der Mensch im Mittelpunkt. Das wird später auch nochmal relevant, wenn wir...

Manfred della Schiava: Entschuldigung, eine Anmerkung noch zu dem, was sie geschrieben haben, zu den drei Bereichen: Mensch, Raum und Technik. Das ist im Grunde genommen, dass was von der Microsoft Amsterdam gekommen ist. Das waren die drei Bereiche People, Place, Technologie. Wir haben es jedoch im Beraternetzwerk geändert, weil wir auch noch die Struktur als solche, sowohl die Vernetzung mit dem Ökosystem und der internen Organisationstruktur, also auch mit den Systemen ergänzt haben.

Kevin Lais: Sehr interessant. Darauf können wir gerne später noch einmal genauer eingehen. Weiter zur Vorgehensweise, Veränderungsweise, durch welche Vorgehensweise bei der Transformation zu New Work konnten Sie Erfolge erzielen?

Manfred della Schiava: Da haben wir ein sogenanntes Fünf-Phasen-Modell entwickelt. Da sind auch Erfahrungen mit dem Aufbau von unterschiedlichen Microsoft Offices in Verbindung zu sehen. Wir haben vor allem das in Wien uns näher angeschaut und haben hier auch tiefenpsychologische Interviews gemacht mit den Mitarbeitern.

Kevin Lais: Das ist sehr interessant, wenn ich das kurz anmerken darf. Ich hatte gerade vor zwei Stunden ein Gespräch mit Microsoft in Wien.

Manfred della Schiava: Ah, sehr gut? Mit wem?

Kevin Lais: Das war Marlies Strobl aus dem Human Ressource.

Manfred della Schiava: Ah alles, klar. Die kenne ich sogar noch.

Kevin Lais: Aber ich wollte sie nicht unterbrechen.

Manfred della Schiava: Ne, ne, passt schon, alles gut. Wir haben herausgefunden: die erste Phase ist die Orientierungsphase. Die bezeichnet sowohl die Orientierung für das Unternehmen, für das System, wo geht die Strategie hin, aber auch die Orientierung für die Menschen. Ich muss den Menschen eine Orientierung geben, wo soll es hingehen. Und das ist auch ein ganz wesentlicher Punkt, damit sich Menschen überhaupt beteiligen. Aber auf das kommen wir bei Ihren späteren Fragen noch.

Die zweite wesentliche Phase ist eine sogenannte Technologiephase. Das war vor allem damals wichtig, weil die Leute damals mit diesen Kollaboration-Technologien, noch nicht so umgehen konnten. Es bleibt trotzdem wichtig eine Technologiephase einzuführen. Das bleibt für mich auch heute noch so. Ich meine mittlerweile hat selbst die Großmutter gelernt mit ihren Enkeln zu skypen. Aber es gibt immer wieder neue Technologien und neue Funktionalitäten und wenn neue Technologien eingeführt werden, dann müssen die zuerst auch bekannt gemacht werden, weil diese neue Technologien nämlich Muster verändern. Und zwar Kommunikationsmuster und Arbeitsmuster. Und diese müssen zuerst gelernt werden. Also das heißt ich brauche eine Technologiephase, weil die Technologie ein starker Treiber ist von der Veränderung von Arbeitsmuster und Kommunikationsmuster.

Der dritte Punkt ist im Grunde genommen der Punkt das ich eben versuche, neue reale online Kulturen zu schaffen. Also das heißt die Verbindung von virtuellen Kulturen zu realen Kulturen. Weil sich hier die neue Arbeit teilweise auflöst. Ich habe nur Face-to-Face, ich habe nur virtuell. Ich habe aber auch alle möglichen Zwischenverbindungen. Und da wird sich auch noch mehr tun. Aber trotzdem muss ich in diesen Bereichen stufenweise vorgehen und ich brauche zwischen den Technologieeinführungen, welche das auch immer sind, brauche ich eine gewisse Lern- und Verdauungsphase, bevor ich in eine nächste Phase eingehe. Zum Beispiel: jetzt mache ich ein völlig neues Büro und es hat kein Mensch mehr einen fixen Arbeitsplatz, wenn ich alles auf einmal mache, dann überfordere ich die Organisation. Und diese Stufen und Phasen herauszuarbeiten ist ein wesentliches Erfolgsprinzip und hier braucht es, die Leute mitzunehmen und zu beteiligen.

Und die fünfte Phase wäre dann die Perspektiven. Da geht es dann darum, wenn der erste Lernzyklus dann vorbei ist, dann kann ich das System darauf vorbereiten in den nächsten Zyklus hineinzugehen.

Kevin Lais: Okay perfekt! Sehr interessant! Welche Handlungsempfehlungen würden Sie mir jetzt pro Phase geben, wenn ich jetzt so ein New Work Transformationsprozess begleiten würde? Ich habe mir hier die fünf Phasen aufgeschrieben: 1. Orientierung, 2. Technologiephase, 3. Reale online Kulturen, 4. Wirkungsräume 5. Perspektiven. Welche Erfolgskriterien kann man pro Phase festhalten?

Manfred della Schiava: Bei der Orientierungsphase ist im Grunde genommen sehr wichtig der Hinweis, was ist die Strategie und welche Szenarien sind in der Zukunft entscheidend, die ich intern oder extern mit den Kunden leben werde. Und die müssen sehr genau beschrieben werden. Also, wenn sie es mit neuen Organisationsformen beschreiben wollen, wie zum Beispiel mit holografischen Organisationsformen, dann müsste man diese Arbeitszellen sehr genau beschreiben. Und mit diesen Arbeitszellen oder eine Summe von Arbeitszellen kann ich dann beschreiben, wie soll das Arbeiten in der Zukunft ausschauen. Und das ist sehr wichtig das anhand von Beispielen, die strategisch sehr wichtig sind, klar zu beschreiben. Auch dann in weiterer Folge für die Architektur und für die Führungskräfte. Zweiter wesentlicher Punkt ist, die Menschen mitzunehmen und insbesondere die Führungskräfte und insbesondere das Mittel-Management in größeren Organisationen. Denn diejenigen sind es, die dann ihre Mitarbeiter in die neue Welt des Arbeitens hineinführen. Und wenn ich die Führungskräfte nicht mitnehme, die auch bereits neue Kommunikations- und Arbeitsmuster vorleben können müssen, dann funktioniert das nicht.

Die müssen auch, was die nächste Phase anbelangt, in die Technologiephase vorgezogen werden. Die müssen die Anwendung der Technologie überhaupt erst beherrschen, bevor ich, sie in der Gesamtorganisation ausrolle. Die Führungskräfte sind hier als Vorbild ganz, ganz wichtig.

Bei realen online Kulturen, heißt es dann im Grunde genommen eine Lernphase und eine Reflektionsphase einzuschalten. „Funktioniert das so wie wir uns das vorgestellt haben und passt das wirklich?" Bei dem Kulturwandel ist es wichtig diesen zu begleiten und ihm auch Raum und Zeit zu geben. Hierbei ist es auch sehr wichtig darauf zu achten, für wen passen die neuen Arbeitsformen und für wen passt es nicht. Und vor allem diese reale online Kulturphase ist wichtig, in der Führungskräfte einen starken Reflektionsprozess brauchen, aber auch darauf schauen wie geht es den Mitarbeitern. Dass das, was man idealisiert will, nämlich dass die Leute Spaß haben, dass sie im Flow sind und produktiv arbeiten können, auch wirklich zutrifft und zutreffen kann.

Für das Büro der Zukunft gelten im Grunde genommen auch diese Handlungsanweisungen, wie für die ersten Sachen. Für ein Büro der Zukunft ist es aber ganz wichtig diese Arbeitszellen sich noch einmal sehr genau zu überlegen. Und beim Büro der Zukunft muss man vor allem den wahnsinnigen Zeitvorlauf sehen, den man braucht. Das neue Gebäude muss im Kopf vorhanden sein, bevor man in das Gebäude überzieht. Ich definiere das Büro der Zukunft für Wissensarbeiter als einen Ort, auch ein virtueller Ort, an dem es für unterschiedliche Tätigkeiten und Aufgaben auch unterschiedliche Bereiche gibt und nicht mehr nur einen fixen Arbeitsort.

Kevin Lais: Mhm, Stichwort wäre da Activity based Workplaces.

Manfred della Schiava: Ja genau, dieser Begriff ist später entstanden.

Kevin Lais: Okay, super. Sagen wir ich wäre jetzt an Ihrer Stelle und stünde nun vor einem Transformationsprojekt, welche goldene Regeln und Tipps würden Sie mir an die Hand geben, um das Projekt erfolgreich zu gestalten?

Manfred della Schiava: Sie werden in den Unterlagen ein sogenanntes 12 W-Modell finden. Die ersten vier W´s, die ich den Leuten mitgebe ist immer: Warum wollen sie es tun, weshalb wollen sie es tun und wofür wollen sie es tun und wohin soll es führen? Das sind diese Grundsatzfragen, mit denen es unglaublich wichtig ist sich auseinanderzusetzten. Viele machen es nur, weil es jetzt jeder macht oder weil es jetzt Trend ist. Aber es wird nicht in der tiefe hinterfragt, warum machen wir das jetzt als Organisation. Und das ist das Wichtige: zuerst herauszufinden, warum wir das überhaupt brauchen. Und was hat das für einen Zweck und alles andere kann man dann so quasi in einem Ablauf machen. Das man sich dann überlegt, okay welche Szenarien habe ich. Und immer nach außen und nach innen geblickt. Ich muss Kundenszenarien auf der eine Seite im Fokus haben. Ohne Kundenorientierung schaff ich das heute nicht mehr. Und ich muss aber auch die Mitarbeiter und die internen Ressourcen im Auge haben. Also ich muss interne und externe, von außen kommende und von innen kommende Szenarien im Blickwinkel haben.

Kevin Lais: Okay, und wie würde ich es jetzt schaffen die Unternehmenskultur erfolgreich zu verändern? Das ist ja die Königsdisziplin des Change Managements, dass man wirklich auch die Verhaltensweisen und die Denkweise in der Organisation schafft nachhaltig zu verändern. Wie gelingt das?

Manfred della Schiava: Also im Grunde genommen gibt es im Organisationdesign eine ganz alte Regel: „If you want to change the system, change the work." Das heißt auch wenn ich die Arbeitsweise verändere, dann verändere ich bereits die Kultur. Ich mache nochmal den Verweis auf die dritte Phase der realen online Kulturen. Wenn ich die Technologie einsetze, wie zum Beispiel ein Kollaboration-System, dann verändern sich Kommunikations- und Arbeitsmuster. Technologie ist ein starker Treiber. Deshalb muss ich mir auch bewusst sein, welche Technologien passen und welche die Organisation überhaupt verkraftet. Also eigentlich decken sie mit diesen fünf Phasen den Change Management Prozess vollständig ab. Und bereits in der Orientierungsphase müssen Sie, wenn Sie die Führungskräfte hineinbringen, dort hinführen und begleiten, dass diese ihr Führungsverhalten auch im Sinne des Kommunikationsverhaltens ändern. Es ist wichtig zu verstehen, dass durch diese technologischen Einführungen und den Veränderungen im Büro bereits Veränderungen in der Kultur passieren.

Kevin Lais: Sie haben gesagt Partizipation ist ein Schlüsselfaktor für die Umsetzung, welche weiteren Schlüsselfaktoren gibt es noch, auf die wir achten müssen?

Manfred della Schiava: Ein gutes Design ist schon sehr, sehr wichtig. Also ein gutes Transformationsdesign ist schon ziemlich wichtig.

Kevin Lais: Was meinen Sie mit Design?

Manfred della Schiava: Ja eine gute Frage. Das meint, wie gestalte ich einen Prozess. Welche Mittel verwende ich, was muss ich wann tun, welche Gruppen führe ich wann zusammen. Also sich überlegen, welche Aktivitäten, welche Interaktionen muss ich in den nächsten zwei bis drei Jahren vorsehen. Das ist quasi das Design.

Kevin Lais: Okay, und was ich mich jetzt frage ist: gibt es irgendwelche Besonderheiten bei der Einführung von New Work? Ich meine, kann man New Work Projekte irgendwie abgrenzen zu anderen Change Management Projekten?

Manfred della Schiava: Ich würde grundsätzlich sagen, nein. Weil wenn Change Projekte in der Vergangenheit richtig gemacht wurden, haben Sie immer schon einen ganzheitlichen Zugang gehabt. Die größten Fehler passieren bei New Work, wenn es keine ganzheitliche Betrachtung gibt. Ich gebe Ihnen ein Beispiel: Man redet von einer neuen Technologie und führt nur die Technologie ein ohne das andere zu sehen. Ich meine was Sie von mir jetzt mitgeteilt bekommen haben, ist eine Gestaltung, ein Design und Veränderung aus einer ganzheitlichen Perspektive. Und so wurden gute Veränderungsprozesse in der Vergangenheit gemacht. Und so werden sie auch für New Work gemacht. Es gibt nur neue Spielvarianten. Probleme treten ja dann auf, wenn wir sagen: „so jetzt führen wir eine neue Technologie ein" und das wird dann über die Organisation rüber geknallt und keiner weiß so wirklich warum. Oder es hängt mit der eigenen Strategie nicht zusammen. Oder auch das kommt vor, es wird eine Strategie gemacht und dann überlegt man sich, wie muss das neue Arbeiten und das neue Office ausschauen und dann merkt man im neuen

Office, da stimmen Sachen nicht, reflektiert aber nicht und kommt nicht drauf, dass man die Strategie maßgeblich verändert hat, die einfach völlig neue Erfordernisse was z.B. Meetingräume nach sich gezogen hat.

Kevin Lais: Sehr interessant. Das führt uns auch zur nächsten Frage und zwar zu den Veränderungsgegenständen. Also welche Aspekte sich bezüglich den drei Veränderungsdimensionen People, Places, Tools im Unternehmen verändern müssen, um zu einem New Work Unternehmen zu werden.

Und die erste Frage haben wir quasi schon beantwortet, inwiefern ein ganzheitlicher Ansatz, der alle drei Veränderungsdimensionen gleichsam berücksichtigt. Stimmt´s?

Manfred della Schiava: Ja genau, eindeutig. Ich brauch den gesamtheitlichen Aspekt, wobei gesamteinheitlich für mich nicht nur bedeutet People, Place und Tools, ich brauche auch Struktur und System dabei und natürlich auch das Ökosystem. Das ist einer der wesentlichen Unterschiede, die wir heute haben, weil die vernetzte Ökonomie, die vernetzte Wissensökonomie, heute Realität geworden ist. Dieser Punkt ist auf jeden Fall dazu zu nehmen.

Kevin Lais: Okay, und welche Aspekte bezüglich People müssen sich wandeln, um ein New Work Unternehmen zu werden?

Manfred della Schiava: Ich glaube diesen Bereich haben wir schon ziemlich ausführlich behandelt. Ich gebe nochmal das Stichwort Führung, im Sinne von Führungsverhalten. Und wir reden hier von Stichwort Führung auf Augenhöhe. Also da kommen wir in ganz partizipative Ansätze hinein und alles funktioniert nur, wenn gegenseitiges Vertrauen da ist. Das geht vor allem auch mit der Gestaltung der Eigenverantwortung.

Kevin Lais: Perfekt, und dann zu der Dimension der Places. Auf welche Aspekte sollte hier Wert gelegt werden und welche Aspekte sollten hier verändert werden?

Manfred della Schiava: Da geh ich noch einmal darauf ein, dass von der Strategie ausgehend, jene Szenarien entwickelt werden müssen, die für die Umsetzung der Strategie nach innen und nach außen wichtig sind. Das Büro muss einfach zur Unternehmenskultur passen und die Mitarbeiter darin optimal in ihren Arbeitsweisen unterstützen. Und wie schon erwähnt kann man hier noch das Activity Based Working einbeziehen.

Kevin Lais: Mhm okay, und dann um zuletzt noch auf die Tools bzw. den Technologien drauf einzugehen. Was muss sich dahingehend gezielt verändern, um New Work etablieren zu können?

Manfred della Schiava: Da reden wir über die typischen Kollaboration-Technologien, die wir kennen und mittlerweile noch besser als vor 12 oder 13 Jahren. Wir haben aber auch hier die künstliche Intelligenz, die auch zu berücksichtigen ist. Wir müssen schon hier die ganze Thematik der digitalen Transformation einbringen. Ich mache aber noch einmal den Hinweis, dass diese drei Gliederungen einfach zu wenig ist. Also ich muss einen ganzheitlichen Rahmen aufmachen. Ich muss das Gesamtsystem der Organisation betrachten und ich muss das Gesamtsystem im Ökosystem betrachten. Weil hier einfach viele Dinge hereinkommen. Alleine die Frage Tool, nehme ich ein Tool zum Beispiel die Plattform, die im Ökosystem liegt, und ich nutze sie oder entwickle ich das Tool selber. Allein das ist eine völlig andere Organisationsdesign-Frage. Und verändert auch die Organisation und damit auch die Gestaltung.

Kevin Lais: Alles klar. Super, danke für die Impulse. Vielen Dank für Ihre Zeit Herr Schiava.

(Ende des Interviews)

Anhang 7: Interview 5, Anonymisiert, am 01.04.20.

Befragt wurde eine Kommunikationsverantwortliche aus einem großen, international tätigen Unternehmen. Die Interviewte konnte das Interview nur anonymisiert durchführen, da eine Einholung einer Autorisierung sehr schwierig und zeitaufwändig geworden wäre. Das Unternehmen der Interviewte ist ein Vorbild in der Einführung von New Work und hat in der Vergangenheit sukzessiv über viele Jahre hinweg seine Unternehmenskultur und Arbeitsformen dahingehend verändert. Die Interviewte teilt Ihre Erfahrungen mit New Work in dem Unternehmen und begleitet als Kommunikationsexpertin im Unternehmen weitere kleine Veränderungsprozesse hin zu New Work.

Kevin Lais: Was verstehen Sie unter New Work und welche Erfahrungen haben Sie damit schon gesammelt?

Interviewte: Also meine Erfahrungen zu New Work kann ich Ihnen gerne ein bisschen zusammenfassen. Ich habe in den letzten knapp 20 Jahren immer in sehr jungen, technologieaffinen Unternehmen gearbeitet. Die immer so im Telko-Umfeld angesiedelt waren. Und ich war immer der Meinung, dass ich sozusagen, dass ich diese New World of Work schon kenne. Da gab es im einen oder anderen Unternehmen Möglichkeiten mal ein paar Stunden von zuhause aus zu arbeiten. Dann gab es auch das Konzept von Großraumbüros. Das war vor bis auf einigen Jahren mein Verständnis von New Work und dann bin ich zu meinem derzeitigen Arbeitgeber gekommen und habe…, für mich war das wirklich ein absoluter Aha-Effekt, ein totaler Perspektivenwechsel, weil ich plötzlich gesehen habe, okay das wäre „the new Way of Work". Und zwar war es so, an meinem ersten Arbeitstag, ich bin in einen Bereich gekommen, da wusste ich, da gibt es circa 40 Kollegen und ich bin dann ins Büro gekommen und da waren dort in diesem Bereich, ich würde mal sagen 10 bis 15 Kollegen und Kolleginnen anzutreffen. Und ich habe mich gewundert wo der Rest ist. Und das war so der erste Aha-Effekt. Das es schon Unternehmen gibt, die schon seit sehr langer Zeit, und mein Unternehmen macht es wirklich schon sehr lange, dieses Konzept von New Work sukzessiv eingeführt haben, in allen Bereich die es umfasst. Also technologisch genauso wie kulturell und auch zum Thema Wissensmanagement. Ja, wo die physische Anwesenheit im Büro einfach nicht mehr das Kriterium für Leistung ist oder Arbeit ist. Jetzt im Moment müssen es alle gerade sehr akut lernen. Aber ich kenn es sozusagen, für mich war es damals so der Einstieg und der Aha-Effekt, dass es auch anders ginge.

Kevin Lais: Okay, sehr interessant. Welche Erfahrungen haben Sie schon in der Begleitung von Veränderungsprojekten für New Work gemacht?

Interviewe: Generell habe ich Erfahrungen in Veränderungsprozessen gemacht. Einführungen von New Work, nein. Wie gesagt, bei dem Arbeitgeber, bei dem ich arbeite, ist es schon über sehr lange Zeit etabliert. Wir haben schon wirklich Ende der neunziger Jahre begonnen, das thematisch einzuführen und natürlich gibt es immer wieder Phasen, wo etwas dazu kommt. Sei es technologisch eine Umstellung, ein neues Tool. Ähnliches wie sowas habe ich immer wieder begleitet, aber eben sowas wie die Umstellung von einem traditionellen Büroumfeld auf ein New Work Modell habe ich nicht begleitet.

Kevin Lais: Okay, aber Sie kennen sich im Change Management aus und haben wie sie schon erwähnt haben, Erfahrungen mit New Work schon gemacht. Dann würde ich Sie ganz gerne fragen, welche Besonderheiten das Change Management für New Work hat? Vielleicht abgegrenzt zum klassischen Change Management?

Interviewte: Also ich komme aus der Kommunikation. Ich bin im Kommunikationsbereich tätig. Also Kommunikation im Change Management ist immer sozusagen meine Hauptaufgabe gewesen. Bei Veränderungen ist meistens ein sehr großer Kommunikationsbedarf da. Wenn es um das Thema Arbeitsplatz geht, dann ist dieses Thema immer sehr oft, mit sehr vielen Emotionen verbunden. Es geht sehr tief in das Persönliche, ins Emotionale, wie Menschen ihren Arbeitsplatz gestalten und wenn es da um Veränderungen geht und sei es drum wer wo sitzt und ob eine Kollegin jetzt mit dem Rücken zum Raum oder mit dem Rücken zum Fenster sitzt, dann wird es da oft sehr persönlich und sehr emotional. Und ich glaube das ist ein Thema, dass man beim Thema New Work mitbeachten muss. Ich glaube, dass es etwas überproportional im Vergleich zum restlichen Change Management vertreten ist. Grundsätzlich ist, glaube ich, das Wichtigste, aus meiner Sicht, dass der Trainer, also Führungskräfte, Aktivierung, ganz gezieltes Arbeiten mit den Führungskräften, weil die Umstellung des Führungsprinzips über Ziele und nicht über ein Führen über Kontrolle, aus meiner Sicht, das entscheidende Element bei der Einführung von New Work ist. Und wenn man das vergisst, dann wird man mittelfristig Probleme entwickeln.

Kevin Lais: Und glaube Sie, dass es große Unterschiede gibt zwischen dem klassischen Change Management und dem Change Management für New Work?

Interviewte: Ich glaube, die Methoden und die Theorie dahinter ist sicher die selbe. New Work ist einfach, ich glaube der Unterschied ist einfach, dass es sehr tief in das Persönlichkeitsempfinden der Mitarbeiter eingreift. Denken Sie, im Moment sind wir in der Corona Krise, wir sitzen jetzt alle in unseren Privatwohnungen, mehr oder weniger mit guten Laptops ausgestattet und sollen mehr schlecht als recht, also jetzt die Unternehmen, die es nicht schon eingeführt hatten, sondern die jetzt sozusagen ein bisschen kurzfristig umstellen mussten, müssen versuchen ihr Privatleben und ihren Job unter einen Hut zu bringen. New Work geht sehr stark ins persönliche, es geht sehr stark um das Thema Eigenverantwortung, es geht auch sehr stark darum, da Aufklärungsarbeit zu leisten, weil Mitarbeiter auch für sich selber sehr viel Verantwortung übernehmen müssen. Wir haben eher die Erfahrung gemacht, dass die Leute im Home-Office eher zu viel als zu wenig arbeiten. Also, dass sie keine Pausen machen. Die Überlappung sozusagen vom Privaten und Beruf sozusagen zu Lasten der Pausen und der Auszeiten, die jeder der Arbeitet auch mal braucht.

Kevin Lais: Sehr interessant okay. Das Ziel meiner Arbeit besteht ja darin, einmal die Veränderungsgegenstände sowie die Veränderungsweise zu analysieren. Wenn wir jetzt erstmal zur Veränderungsweise kommen würden. Welche Vorangehensweise hat denn ihr Unternehmen bei der Einführung von New Work verfolgt? Was konnten Sie da beobachten und welche Phasen haben sich da vielleicht auch abgebildet?

Interviewte: Also ich glaube, das Unternehmen in dem ich arbeite, ist bestimmt ein Sonderfall, weil wir damit schon sehr früh begonnen haben. Damals in den neunziger Jahren begleitet von einer wissenschaftlichen Studie, die sich des Themas angenommen haben und gefragt haben: „Okay wie kann man die physische Präsenz im Unternehmen schrittweise ablösen, wie kann man das einführen?". Also Sie müssen sich vorstellen: Ende der neunziger Jahre, ja da gab es schon Internet und die Technologie war auch schon da, aber da war man schon noch sehr, sehr weit entfernt vom jetzigen Standard. Wir sind hier nicht repräsentativ, weil wir hier nicht ad hoc umgestellt haben, sondern weil sich das über viele, viele Jahre so entwickelt hat. Der Vorteil dabei war sicher auch das Thema Leadership, dass das Thema Führung und Führen über Ziele, sich auch über viele Jahre entwickeln konnte. Und ich glaube einfach, dass ist das Wichtigste, dass ich als wichtigstes Learning selbst mitbekommen habe... (Verbindung wurde kurz unterbrochen).

Kevin Lais: Entschuldigen Sie bitte, könnten Sie das eventuell nochmal ganz kurz wiederholen? Ich glaube die Verbindung war gerade kurz weg.

Interviewte: Ah okay, wo soll ich denn wieder einsteigen?

Kevin Lais: Den letzten Satz nur, mit den Führungskräften und dass Sie das als Learning selbst mitbekommen haben?

Interviewte: Mhm, also einerseits habe ich das selbst mitbekommen, über die letzten 10 Jahre, die ich jetzt schon im Unternehmen bin. Als auch als Learning aus all den Überlieferungen, die es da noch gibt aus der Zeit Ende der neunziger Jahre. Das ist es was wir mitgenommen haben, diese Verbindung zwischen dem Thema Führen und dem Thema New Work oder Home-Office. Weil Sie müssen sich vorstellen, in einem traditionellen Unternehmen, mit einer traditionellen Führungskultur, wird immer noch grundsätzlich über Kontrolle gearbeitet. Der Mitarbeiter kommt um acht Uhr in der Früh, befindet sich physisch in der Reichweite der Führungskraft die nächsten acht Stunden und geht dann wieder nach Hause und ist dann eine Privatperson, die nichts mehr mit der Firma zu tun hat. New Work trägt zu einer Art „Blending" oder führt zu einem „Blending" zwischen diesen privaten und beruflichen Anteilen. Und wenn Führungskräfte glauben, ihre Führungskräfte, wenn sie jetzt physisch nicht anwesend sind, auch zuhause oder sonst wo, kontrollieren zu müssen, dann wird es schwierig. Ja und das heißt, das Führen über Ziele und den Aufbau einer Führungskräftekultur. Und auch eine Führungskultur, die über Ziele arbeitet und weniger über Kontrolle, das ist sicher das Kriterium, das in unserem Unternehmen zum Erfolg geführt hat.

Kevin Lais: Okay, sehr interessant. Und die Change Prozesse, die Sie jetzt auch kommunikativ begleitet haben, konnten Sie da bestimmte Phasen beobachten oder Schritte in der Umsetzung?

Interviewte: Tue ich mich jetzt ehrlich gesagt schwer, weil es immer so Teilbereiche waren. Ich glaube es gibt so diese klassischen Elemente... Wenn man etwas Neues einführt, dass es dann zuerst einen Hype gibt, dann gibt es Widerstand, dann schleift sich das irgendwo in einem guten Akzeptanzbereich ein. Aber da muss ich jetzt ehrlich sagen, da kann ich jetzt aus der Begleitung meiner Projekte nichts beitragen und das möchte ich dann auch nicht. Das möchte ich nicht mutmaßen.

Kevin Lais: Selbstverständlich. Zu den Erfolgsfaktoren, die Sie vielleicht beobachten konnten, wo Sie vielleicht sagen „Ja, das ist ein Aspekt der wesentlich dafür ist, dass so ein New Work Projekt klappen kann", welche wären das?

Interviewte: Ich glaube das Wichtigste, das ganz am Anfang stehen muss ist mal wirklich eine ehrliche Ist-Analyse. Also man muss ganz ehrlich in den Spiegel schauen und überlegen: „okay wo stehen wir?". Und es ist immer wichtig diese Bestandsaufnahme ganz ganz ehrlich zu machen. Ja, wo stehen wir und wo wollen wir hin. Dann wie gesagt, der Trainer. Dieses Gewinnen der Führungsebene für das Thema New Work ist ganz entscheidend und dann ist das Thema Kommunikation ganz ganz wichtig. Transparente, offene, rechtzeitige, ehrliche Kommunikation mit den Mitarbeitern. Ein Denken in vielen Facetten. Den Mitarbeiter da wirklich ins Zentrum zu stellen und bedürfnisorientiert zu überlegen, welche Fragen könnten sich da ergeben. Das ist etwas, was ich als absolutes Erfolgskriterium definieren würde. Und die Basis sind natürlich gute Tools. Gute technische Tools sind wichtig, weil wenn die Dinger nicht funktionieren oder wenn es beim Datenschutz Unsicherheiten gibt, wenn es da Unklarheiten gibt, dann wird es schwierig. Also ich glaube, man muss sich technologisch richtig entscheiden und das wirklich gut einführen und auch das Bedenken der Mitarbeiter ernst nehmen.

Kevin Lais: Und wenn ich jetzt vor der Herausforderung stünde, New Work im Unternehmen zu etablieren, welche goldenen Regeln oder Tipps würden Sie mir mit auf den Weg geben?

Interviewte: Ich glaube es wiederholt sich jetzt ein bisschen zu dem was ich schon gesagt habe, aber ich glaube das geht in Ordnung. Ich glaube diese Ist-Analyse muss am Anfang stehen. Sich fragen, wie bin ich, wie ist meine Führungskultur, wie ist die Stimmung im Haus, was sind die Bedürfnisse meiner Mitarbeiter, was weiß ich, was gibt es für Zufriedenheitsbefragungen und danach definieren, wo möchte ich hin. Dann ist es glaube ich wichtig, dass man nicht einfach der IT-Abteilung den Auftrag gibt, sondern dass man das wirklich ganzheitlich betrachtet und die Leute frühzeitig einbindet, aus der Personalabteilung, aus der Kommunikation, aus der IT, aus dem Betriebsrat. Unterschiedliche Bereiche, und dann so ein Projekt ganzheitlich aufzieht. Ja, dass es nicht irgendwie nur von der Kommunikation oder nur von der IT getrieben wird, weil da gibt es einfach ganz unterschiedliche Punkte auf die jeder Bereich schaut und da ein integrierter Zugang, ein breit aufgestelltes Projekt zur Einführung ist da glaube ich wichtig.

Kevin Lais: Hmm, also es braucht quasi eine Integration der verschiedenen Bereiche?

Interviewter: Genau, schon in dieser ersten Phase, wo man sich schon mit diesen Methoden des neuen Arbeitens Gedanken macht. Dass man sich das alles gut überlegt und gemeinschaftlich gut überlegt. Das glaube ich ist wichtig, dann während des Projektes: Kommunikation, Kommunikation, Kommunikation. Es wird immer die Beharrer geben, die sagen, aber das geht doch nicht weil. Ich glaube es ist ganz wichtig, dass man das antizipiert und ernst nimmt. Oft ist es sogar gut solche

Kollegen und Kolleginnen dann auch ganz aktiv im Projekt einzubinden, was immer Sinn macht ist, wo man sagt man etabliert in jeder Abteilung, wenn man jetzt von größeren Unternehmen ausgeht, ein, zwei Mitarbeiter, die diese Abteilung vertreten, welche die Abteilung vertreten aber auch als Botschafter im Projekt agieren. Joa, das sind so mehr oder weniger die Elemente.

Kevin Lais: Perfekt, das war schon sehr umfassend. Danke dafür. Vielleicht noch eine kleine Frage dazu: Wenn jetzt Widerstände im Unternehmen auftauchen, wie ist Ihre Erfahrung da, wie man diese Widerstände auflöst?

Interviewte: Also ich glaube wichtig ist, dass man diese Widerstände überhaupt erstmal wahrnimmt und an die Oberfläche bringt. Aus meiner Erfahrung verbirgt sich so etwas meistens unter der Oberfläche. Man hört es aus manchen Bemerkungen heraus und in der Kaffeeküche wird darüber gequatscht. Aber offenes, kritisches Feedback das kommt... ich würde mal sagen, das ist wie bei einem Eisberg, 80 Prozent der Masse befinden sich unter der Oberfläche. Schritt eins ist da immer ein Gefühl davon zu bekommen, welche Bedenken oder Kritikpunkte es überhaupt gibt. Dabei hilft so ein Botschaftersystem, weil man da einfach auf informellen Wegen ein Ohr an den Kollegen hat. Das heißt da muss sich dann niemand outen, sondern man kann einfach so ein bisschen die Stimmung über diese Botschafter ran holen. Ich glaube, das ist immer das Wichtigste, dass man sich klar wird, was sind die Themen und dann, als Kommunikationsfachfrau kann ich das behaupten, dann hilft es einfach wirklich, sich mit den konkreten Punkten auseinander zu setzen. Oft sind es wirklich Missverständnisse, die man oft aus dem Weg räumen kann. Was zum Beispiel auch hilft ist, sich dann ein informelles Regelwerk zu bauen. Ja, das man sagt, okay jetzt arbeiten viele Kollegen von zuhause aus, lasst uns trotzdem auch neue Regeln für die Zusammenarbeit gemeinsam definieren. Was sind denn die Punkte die ihr braucht? Also sozusagen die Mitarbeiter miteinbeziehen und ihre Bedürfnisse abfragen ist sicherlich der beste Weg um Kritik zu begegnen oder sie sogar vorweg zu nehmen im Idealfall.

Kevin Lais: Perfekt, gut dann kommen wir auch schon zu den Veränderungsgegenständen von New Work. Also wie bereits erwähnt ist Teil meiner Arbeit auch erfolgskritische Aspekte zu beleuchten, welche zu verändern notwendig sind, um New Work im Unternehmen erst lebendig zu machen. Dabei gibt die Theorie einen Veränderungsansatz, der gliedert sich in drei Veränderungsdimensionen People, Places, Tools. Und laut der Theorie hängen diese eng zusammen und bilden ein zusammenhängendes Vorgehen. Bedeutet, laut Theorie kann nur ein gesamtheitliches Vorgehen, welches alle drei Dimensionen einbezieht, erfolgreich sein. Inwiefern stimmen Sie da in der Praxis überein? Wie stehen da Ihre Erfahrungen?

Interviewte: Also initial kann ich mal sagen, absolut d´accord. Da kann ich zu stimmen. Da würde ich 100 prozentig unterschreiben. Wobei der Fokus, wie immer, wir sind Menschen und es geht immer um Zusammenarbeit und der Fokus sozusagen auf den People liegen würde. Aber natürlich, Infrastruktur, Software und Raumkonzepte, die sich anpassen an die veränderten Erfordernisse an New Work, die sind für mich eigentlich sozusagen die Basis. Die zwei müssen gegeben sein, beziehungsweise geschaffen werden, und sozusagen das Thema People ist dann der Bereich der am erfolgskritischsten ist.

Kevin Lais: Okay dann zur Dimension People. Was sind da Ihrer Meinung nach Aspekte, die Ihrer Meinung nach verändert werden sollten, die besonders wichtig sind?

Interviewte: Auch auf die Gefahr, dass ich mich wiederhole. Aber da geht es ganz stark um das Thema Führen über Ziele. Ich kann es vielleicht kurz beschreiben. Wir haben bei uns Zielvereinbarungen mit unserem Management. Sozusagen hat jeder ein oder zwei Manager, sowohl funktional als auch hierarchisch, mit denen er sich Ziele ausmacht. Und an diesen Zielen orientiert sich der Mitarbeiter und arbeitet eigenverantwortlich. Wir sind kein Unternehmen bei dem Führungskräften und Mitarbeiter im Mirco-Management zusammenarbeiten. Grundsätzlich sind wir für unsere Themengebiete selber verantwortlich. Wenn du in einer traditionellen Arbeitsstruktur bist, ist glaube ich, diesen Weg zu begleiten hin zum absolut mündigen Mitarbeiter, der sich seine Arbeitsumgebung und seine Inhalte selber managet, das zu begleitet ist glaube ich das Hauptkriterium und dafür braucht es eben Führungskräfte, die da sehr sensibel sind und auch voll eingebunden sind in diesem Change-Prozess.

Kevin Lais: Okay ideal, und wenn wir jetzt noch kurz auf die Dimension der Places eingehen würden, wie schaut da das Büro bei ihrem Arbeitgeber aus und was denken Sie ist wichtig da zu implementieren?

Interviewte: Also wir arbeiten zu einem absolut größten Teil mit offenen Raumkonzepten. Mitarbeiter haben normalerweise, außer sie haben spezielle Bedürfnisse, keinen festen Arbeitsplatz mehr. Es gibt schon Zuteilungen welche Abteilungen nebeneinander liegen und wo sie ungefähr arbeiten, aber es gibt keinen Arbeitsplatz mehr der dir gehört, wo du Fotos deines Hundes oder deiner Frau irgendwohin pinnst. Was wichtig im Bereich Places ist, dass es genug

Rückzugsmöglichkeiten gibt, sogenannte Quiet-Rooms heißt das bei uns. Also Räume in denen man mal in Ruhe telefonieren kann oder mal hoch konzentriert arbeiten kann. Und viele unserer Mitarbeiter arbeiten sicherlich zu fünfzig, sechzig Prozent von zuhause aus. Das hat sich auch so etabliert. Auch schon vor Corona.

Kevin Lais: Jaa, wollte gerade sagen, dass lohnt sich jetzt in der Krise auch total, dass Sie da jetzt schon die Kompetenzen erworben haben.

Interviewte: Absolut! Für uns ist es keine große Umstellung.

Kevin Lais: Ich würde nochmal kurz auf die Dimension Tools eingehen, die Sie vielleicht auch jetzt in diesen Corona-Zeiten besonders intensiv benutzen. Welche Tools sind für New Work wichtig?

Interviewte: Also ich glaube so klassische Kollaboration-Tools sind auf jeden Fall wichtig, also auf der einen Seite, wo es darum geht Dokumente gemeinsam online zu bearbeiten. Zugriff auf Dokumente von sozusagen verteilten Arbeitsumgebungen zu haben. Das ist absolut die Basis. Wir setzen auf der einen Seite „Box" ein für unser Dateienmanagement. Oder auch „Webbex" für Telefon-Konferenzen. Und was wir noch einsetzen ist „Weck" für die informelle Kommunikation in Teams. Damit du auch ein schnelles Tool hast mit dem du deine Kollegen auch schnell anpinnen kannst, um nicht jedes Mal telefonieren zu müssen oder so.

Kevin Lais: Quasi, Echtzeitkommunikation?

Interviewte: Genau.

Kevin Lais: Und inwiefern sieht die mediale Grundausstattung bei Ihrem Arbeitgeber aus? Bekommt da jeder ein Laptop und Smartphone in die Hand?

Interviewte: Ja, jeder hat Laptop und Smartphone. Das ist auch bisschen abhängig von dem Bereich. Und sehr viele Funktionen von uns bekommen auch ein Tablet gestellt.

(Ende des Interviews).

Anhang

Anhang 8: Kodierungssystem nach Mayring

Kategorie	Codes	Definition	Ankerbeispiel	Kodierregel
Vorgehens-weise	-	Alle Textstellen, welche einen zeitlichen Ablauf zur Durchführung einer New Work Umsetzung beschreiben.	„Was hilft ist: 1. Schau dir an welche Menschen du hast, 2. Nimm dir ein Gerüst, aber sei dir klar, dass du es umbauen wirst und muss und 3. Finde bevor du so einen Change Prozess machst für alle Menschen erstmal einen Platz und finde heraus wo du hinmöchtest". Siehe (Koch, 2020).	Nur Aussagen, welche eine zeitliche Gewichtung, in Form von Phasen oder Schritten, äußern.
Erfolgsfakto-ren	Induktiv erstellt	Alle Textstellen, welche erfolgskritische Aspekte beschreiben, auf die bei einer Transformation geachtet werden muss und ohne die der Transformationsprozess scheitern würde.	„Ein gutes Design ist schon sehr sehr wichtig. Also ein gutes Transformationsdesign ist schon ziemlich wichtig." Siehe (Schiava, 2020). „Kommunikation und die Einbindung von Mitarbeitern und Führungskräfte sind kritische Punkte in jedem Change-Prozess." Siehe (Strobl, 2020).	Nur Inhalte, welche erfolgskritische Aspekte, explizit für die Umsetzung des Wandels beschreiben. Können mitunter auch Aspekte der Veränderungsgegenstände sein, welche für New Work erfolgskritisch sind.

Kategorie	Codes	Definition	Ankerbeispiel	Kodierregel
Begriffsverständnis von New Work	-	Alle Textstellen, die auf eine Deutung des Begriffs „New Work" hinweisen.	„Also grundsätzlich verstehe ich unter New Work oder das neue Arbeiten, so zu arbeiten, dass es den Bedürfnissen derjenigen entspricht die man bedient. Also einerseits den Kunden, aber auch die eigenen Bedürfnisse. Und das ist der Eigenverantwortung des Arbeitenden möglich ist, sich eigene Arbeitsbereiche auszusuchen, die für die Arbeit passen. Also einmal Bedingung und Forderung ist, dass Mitarbeiter Spaß haben, glücklich sind und gesund sind." Siehe (Schiava, 2020).	Nur Inhalte, welche den Begriff im Kern beschreiben. Keine Abgrenzungen des Begriffes oder Vergleiche.
Besonderheiten von Veränderungsprozessen für New Work	Induktiv erstellt	Alle Textstellen, welche Besonderheiten von New Work Transformationen darstellen und die Transformation zu anderen Change-Prozessen abgrenzen.	„Also Entwicklungsmanagement für New Work bedeutet, dass es kein Rezept gibt. Es gibt unfassbar viele Bücher zu Change Management, wie es gelingen kann, wie Veränderungsprozesse implementiert werden. Change Management für New Work ist quasi ein eigenes in sich geschlossenes System für jedes Unternehmen, für jeden Bereich, für jedes Team." Siehe (Koch, 2020).	Keine Verständnisaussagen des Begriffes.
Veränderungsgegenstände	Ganzheitliches Veränderungskonzept People Places Tools	Alle Textstellen, welche konkrete Aspekte beleuchten, welche bei einer New Work Transformation verändert werden müssen, als auch Aspekte, welche ein New Work Unternehmen ausmachen.	„Also dem kann ich in der Praxis eigentlich nur zustimmen. Weil wenn ich die Leute nicht habe, die das Mittragen, dann hilft mir die beste Technologie und das schönste Office nichts bringen. Und umgekehrt müssen natürlich auch das Office und die technologische Ausstattung zudem passen, wie die Mitarbeiter arbeiten. Deswegen braucht es definitiv ein ganzheitlicher Ansatz und alle drei Dimensionen müssen stimmig sein." Siehe (Strobl, 2020).	Nur Aspekte, welche eine New Work Organisation beschreiben sowie welche Aspekte verändert werden müssen, um New Work im Unternehmen leben zu können.